U0060247

薩·所·羅·蘭

精神分析的人間條件叢書08

餘生―餘地

兩個難搞的人

搞出了兩把後現代刷子

Bion =? Beckett

邱錦榮、王明智、葉曉菁、

陳瑞君、李芝綺、陳建佑、

許瑞琳、王盈彬、翁逸馨、

黃守宏、徐溢謙、劉玉文、

郭淑惠、劉又銘、莊麗香、

蔡昇諭、蔡榮裕

／合著

有一個人回到自我，像回到一間

有鐵釘和裂縫的老屋，是的

回到厭倦了自我的自我，

彷彿厭倦一套千瘡百孔的破舊衣服，

企圖裸身行走於雨中，

有一個人想讓潔淨的水，自然的風

淋透全身，卻只再度

回到自我的坑井，

那古老、瑣屑的困惑：

我真的存在嗎？知道該說什麼，

該付，該欠或該發現什麼嗎？

——彷彿我有多重要

以致世界連同其植物之名，

在它四周黑牆的競技場裡，

除了接納我或不接納我別無選擇。

（聶魯達，回到自我，陳黎／張芬齡　譯）

序文：
薩所羅蘭的神話

許瑞琳

　　中國著名的神話故事「盤古開天地」，是古人對世界形成的想像：很久很久以前，天地未分，混沌一片，巨人盤古在混沌中沉睡一萬八千年。一天醒來，他用大斧將混沌劈天，清氣上升成天，濁氣下沉成地，盤古手擎天，腳踩地，身子每天不停生長。天日升一丈，地日厚一丈，最後累死了，身體倒下血肉筋脈化作山川河流、花草樹木，左眼化為太陽，右眼化為月亮，頭髮化為滿天星斗，世界就形成了。

　　如果在出生前、待在母親的子宮裡就有記憶，那又會是怎麼樣的故事？母親的血肉筋脈化作山川河流，流進一片混沌的子宮，一天又一天，胎兒吸收天地之正氣，身子不停生長，化作手，化作腳，化為左眼和右眼，化為頭髮、包覆著擁有記憶的腦，化為雙耳、聆聽母親的心跳和世界的聲響，但，不管是困在子宮裡不由自主，還是徜徉

在子宮中享受全能的供給，終究某一天，在子宮迫切的宮縮下，出生……，不管是不是情願地、準備好地。

在子宮中，這些混沌、聲音、若有似無的記憶，像碎片般儲存在原始的心智中，當子宮像是被大斧劈開後，嬰兒從沉睡中醒來，開始要自己吸吮、喝奶餵飽自己，也許也像盤古手擎天，腳踩地，是件多麼累人的事，更何況天地間有太多的混亂和刺激，更多的碎片像隕石般射進原始的心智中，這一切，比昂稱之為beta元素，紛之沓來，疊放在潛意識中，那是沒有語言和文字的史前時代，也無法像原始人一樣在壁洞留下刻痕和圖畫，到底要如何演繹？請看貝克特的戲劇就對了，看這位1969年諾貝爾文學獎劇作得獎者，多麼天才地用語言的音樂性、光影的對比性、空間的侷促性，勾勒出這個不可能的任務。

家喻戶曉的民間傳說「八仙過海」：某年八月八日，八仙在蓬萊仙島上聚會飲酒，酒至酣時，鐵拐李意猶未盡，對眾仙提議，乘興到神山一遊，要各憑本事渡海，不得乘舟。漢鍾離用蒲扇作舟，何仙姑佇立於荷花，曹國舅乘坐白玉板，鐵拐李騎葫蘆，張果老乘紙驢，呂洞賓御劍，韓湘子駕笛，藍采和坐於花籃上，大家借助寶物、各

顯神通。

　　2022年9月18日，受到蔡榮裕醫師的邀請，參加薩所羅蘭以文會友活動：「餘生—餘地：兩個難搞的人搞出了兩把後現代刷子」，大家要坐時光機回到比昂和貝克特相遇那刻，掉落在他們用潛意識交織的網，循著線去思考，他們當年所交流激盪的火花，如何延續著，讓他們在各自的專業領域發光發亮，他們所探求的人類原始心智、潛意識溝通、存在的意義和本質，他們的作品在在解構了我們習以為常的建構，化作浩瀚的大海，充滿謎和解答，我們只能各顯神通，借助理論、臨床經驗、自身感受、和其他藝術作品去接近，想辦法渡海，到他們建造的神山一遊，蔡醫師特別安排兩人一組的與談，像互相扶持的孿生兄弟，各自帶著羅盤，不會一個掉落就迷失在汪洋大海裡，看完難懂的貝克特劇本和難懂的比昂理論，發現大家都一樣茫然時，頓時安心不少，等待「空無」到「有」想法的過程、或是將紛雜的感覺安頓下來的過程，若非知道迷宮中還有另一個夥伴也在如是探索，真的會有種「我走不出迷宮」的恐懼，我很感謝在這個過程，建佑一直是我的堅定的好夥伴。

當天，大家所交流激盪的火花，就像蓬萊仙島中的蟠桃盛宴，八場精彩的對談，是八道豐盛無比的料理，讓人大呼過癮，大家的想法像有了仙術般一直在展演、變化，端出好多盤精彩的小菜來，真心邀請您，打開這本書，跟著我們一起過海、到神山一遊。

深耕與多元

莊麗香

　　薩所羅蘭團隊致力於將精神分析推廣大眾，這其實是很不容易的事情，我曾想過好幾次能否把精神分析的語言化成大眾的語言，讓一般民眾也能從知識的學習中獲得心靈上的成長，但發現太難了……現在看到蔡榮裕醫師和薩所羅蘭團隊的努力與成果，真的深深感到佩服。

　　接到薩所羅蘭成員瑞君的邀請，以貝克特和比昂兩位大師為主軸進行以文會友的活動，心裡感到又喜又驚，喜的是被邀請代表著被一群優秀的菁英有某種程度的認可，驚是帶點驚恐，因為比昂理論的艱深難懂大概是出了名的，我對於比昂的認識與了解，就像貝克特的《等待果陀》裡所描述的背景般是非常有限的，要以對這兩位大人物作品的理解進行對話，實在是一件戒慎恐懼的事情。

　　然而，參與薩所羅蘭這群努力不斷地想要透過各種方式或途徑，來深耕在地精神分析的專業人士所舉辦的活動，我覺得是很有意義的，所以我忍不住地選擇了冒險，這個風險是在自己有限的理解之下，粗糙的借用兩位大師

的思想創作來做一些個人的陳述。我感謝這樣的一個活動帶來我個人豐富的學習與收穫，但儘管如此，我也要請熟悉這兩位大師思想創作的讀者，在閱讀時盡可能包容我個人大膽的說話風格，以及由此可能帶來的錯誤理解，最後祝福也相信這個以文會友的工作坊，所刺激出來的各種創作或論述，能夠帶給讀者豐富多元的學習。

寬闊無垠的事物本質的思辨

蔡昇諭

　　蔡醫師主持的這場文學與精神分析饗宴，讓大家把吃不下的食糜重新反芻，過程想像起來是有些噁心的。何以思考常以消化做為另一替代的動詞呢，若以消化在腸胃道進行的過程而言，主體已經運用自己的器官，組織，細胞，黏液等，分解該外來的食物，且許多酵素分泌也將分子做了不同轉換，將某些吸收，某些排除。用這個角度看待奶水，奶水則是食物更為原始接近母體的形式，在尚未能自己消化的初生時期提供生活必需。

　　作為一個讀者，我們有一個命運是共同的，我們各自讀著一個奇特的後現代讀本，把這個滿滿的不清不楚想要與彼此共享，像極了終局中拿著望遠鏡看向窗外的克羅夫。身為在房間內的心理治療相關的工作者，似乎還有另一層共同，每次治療者對同儕和督導的報告，也像是房間內的克羅夫，在對著同一個星球上的另一群人描述絕望和那些生命的糾結，這個報告內容來自於一個人，在另一個星球上，自願走進這個難以歸類的房間，等待著有哪一些

意義能夠出現或消失也說不定。克羅夫看見光線，消失，哈姆以爲有的海鷗，海浪和太陽，但克羅夫大概是無法滿足哈姆期待而只能小心地說看不見，聽的人有聽見嗎？聽的人所聽到的是說的人所以爲的被聽見嗎？這些都是診療室內俯拾即是的誤解，也是治療者自以爲的溝通的起點。

　　蔡醫師藉此思考比昂人生中後期，如何由清晰數學轉至神祕直覺的理論重大轉折，其觸發點之脈絡，與貝克特劇本，治療可能的激盪，重新思考精神分析治療與理論發展間存在的距離。以及更爲寬闊無垠的事物本質的思辨，也將宗教當中普遍所觸及的無，空等命題拿來交互編織，可以拿顯微鏡近觀思辨，也能以望遠鏡如克羅夫望向窗外觀察玄想。

從兩個人到十六個人

王盈彬

　　面對「未知unknown」時，我們會採取甚麼樣的策略，會有如何的心態出現，又會有那些感覺穿梭出沒，這一次由十六個人所組成的討論會，正是身處在這樣情境下，然後經由網路視訊連結出這樣一個溝通網絡，聚焦在我們都不太懂的兩個人身上：比昂和貝克特。工作坊從一開始的發想、醞釀、躊躇、到具體的規劃、討論、實踐，看似順暢的歷程，期間其實有許多天時、地利、人和的因素來促成，包括：精神分析學會在台灣的在地化，薩所羅蘭的團體討論默契，學會會員們對精神分析的修練火侯，還有網路視訊的成熟完備……等，成就了這一次薩所羅蘭的初試啼聲。

　　蔡榮裕醫師將這次的主標定調爲「以文會友」，這四個字所蘊含的意義，大家想必都耳熟能詳了。於是，我把這四個字用精神分析的語言再來闡述一下，工作坊原本搭配的八篇文章，就如同文字象徵（symbol）般，用來連結主客體們，而主客體之間有意識無意識地交流，就像當

年貝克特和比昂的相遇，使用精神分析象徵，來做彼此的連結一般。象徵裡層的情感能量、原始認知、未知元素，在這一個安全的設置中，呈現出來，並彼此交會激盪出新生的花苞，未來會開出如何的花朵，也就指日可待了。

當我們用「各自熟悉」的精神分析的語言交流時，不僅多看見了一些關於比昂和貝克特的歷史故事，以及精神分析和文學在他們身上運作的軌跡，參與的十六個人之間，也同時在交換著對彼此的已知和未知，這也是精神分析運作的常態，從未知中形成已知，再從已知中探索未知。「精神分析」從佛洛伊德以降，已經有許多不同門派的「精神分析」了，當然各門派的主體性，都有各自的宣稱，然而，從來也沒有人敢說，潛意識的探索已經接近尾聲了，這意味著我們在探索潛意識的道路前進時，是經驗到了潛意識的多樣面貌了，而所謂「各自熟悉」的精神分析，也可以說，這十六人就是十六種「精神分析」了。如果從人類的出生發展作比喻，就如同一個胚胎細胞，慢慢地在內在基因和外在環境交會的媽媽子宮中，分化成長出具備各種不同功能的細胞、組織、器官、系統，而成為一個完整的人類，可以存活下來，「精神分析」或許就是這樣活著的。

《等待果陀》是一部可以從很多不同視角體會和闡述的文本。「果陀」是誰？又爲何需要「等待」？卽使至今，還是無人能完整解答，作者貝克特也給出了無解的回應，但是我們也不會因此而不「等待果陀」，反而在這樣的等待中，多采多姿的花朵，正在不斷綻放。

目錄

開場白

蔡榮裕

　　其實，我們是在不懂的心境下，想要能夠大方的談談，我們是如何在不懂的情境下，尋找其它想法做聯結，以及找各位來提供想法，讓這些不同疑問、困惑和想法，可以透過這些聯結成有趣的概念，但今天不會是結論的時候。

　　希望這是一場，我們在內部和朋友間，嘗試的最文青活動，起心動念準備這場討論會，是覺得薩所羅蘭幾位朋友一年來，嘗試在精神分析之外的學門，尋找更好的故事，更有趣的情節，更生動的想法，來想像和了解比昂想要表達的是什麼？

　　這不是一場我們要做比昂專家的會議。而是覺得比昂的某些想法，雖有爭議但亦有趣的地方，這場會議只是我們想要讓自己走進比昂的世界的開始。我們從比昂和貝克特之間的事情開始，也許就是以文青開始呢，不一定要談太多深澈的理論，如果想談當然也是不錯。

　　何況後來發現，比昂的理論是以精神病患者的分析做

基礎，雖有克萊因的後設心理學做基礎，但他從自身經驗發現，現有的術語是無法說明他的經驗，因此後來引進中世紀的神祕宗教的語彙，雖然他強調，仍是要維持精神分析的方法學。雖然他的方法學可能涉及，他對於什麼是精神分析的整套觀點，不過他的引進的神祕學語彙，是有些接近我們在地的禪宗的論點。不過如果要細細比對是另一件大工程，不是今天可以達成的，何況對於比昂的論點還需要更多的思辯。

如同禪宗，要說明他們體會到的人性奧祕時，言語是窮困不足的，因此以「公案」的故事型式，做為「參公案」的方法學。我們借用比昂和貝克特間的故事，以及他們的理論或劇本的某些經驗做基礎，讓我們一起來參這個人性之謎，在精神分析方面甚至不必然只是要談比昂的理論，而是讓我們和朋友們一起聯想，看我們能從這些故事和劇本，以及一些些理論裡，可以有更多的相互激盪的想像為主。

最後，我仍是強調，在後設心理學的語言上，是如佛洛伊德時代，從其它學門尋找能夠幫我們更好說明臨床經驗的故事，但仍得站在精神分析的方法學上，至於這是什麼，也是值得我們來探索的。

《等待果陀》：
關於虛空，如何呈現？

邱錦榮

《等待果陀》的誕生

山謬・貝克特（Samuel Beckett, 1906-1989）的《等待果陀》先寫法文版 *En attendant Godot*（1952末），擱置一年半後自譯為英文版 *Waiting for Godot*（Grove press, 1954），當時的打字稿現在保存於都柏林的三一學院圖書館。貝克特經歷二戰（WWII, 1939-45），接續目睹冷戰（Cold War, 1947-91）和越戰（Vietnam War, 1955-75），他的戲劇作品刻意與當時流行的寫實主義戲劇區隔，例如：田納斯・威廉斯的《玻璃動物園》，蕭伯納的《人與超人》，舞台佈景繁複，大量的人物上場下場。貝克特掀起了極簡風，他讓觀眾看到舞台上僅僅有戲劇性的想像，褪去層層包裝，化繁為簡，像醒世寓言。他透過劇場的媒介反映對於所處世界的感受，像敲響報喪的喪鐘。

《等待果陀》的成功可以說一半歸功於偶然。1953年首演的導演羅傑・布林（Roger Blin）之所以選擇這個劇本並不是因為他個人被這齣戲的多重面向所吸引，而是基於一個極為簡單的原因：他的左岸劇團（Left Bank）經常短缺經費，他知道可以向文化部申請補助，而演繹一齣全新，非法國人寫作的法文戲最有機會獲得補助。因為這齣戲的背景道具極為簡單，製作成本可以壓縮到最低。鏡框式的舞台，簡單道具，演員的服裝都是過時的正式服裝，包括圓形帽，幾乎都是自家或朋友家棄置在衣櫃裡面的不要的衣物。另外，白蘿蔔和胡蘿蔔在外面市場隨便就可以買到。五個人物裡面，導演自己跳下來演潑佐，所以成本又可以卡掉一些。但是這齣戲竟然翻動了劇場界，引起巨大的迴響。貝克特的極簡原則（minimalism），也是他的經濟原則，在製作當中被發揮到淋漓盡致。經濟學最簡單的定義就是以最低的成本達到最大化的效果，這是我外行人的註解，但在《等待果陀》成功的演出史得到驗證。

果陀是誰？是什麼？

貝克特多次被問到「果陀是誰或是什麼」（Who or what is Godot?），劇作家回答：「如果我知道，我早就在這部戲裡面說了。」（If I knew, I would have said so in the play.）在眾多猜測中很有參考價值的是：go deo 與Godot發音/go-doh/相似，是愛爾蘭語的 forever，作家命名一個神祕的角色時，是否想到他的母語？於是這個劇本要表達的是Waiting forever。

果陀是二十世紀流行文化的符碼

果陀從來沒有出現，而且可能根本不存在，但是他竟然存在於我們的語言之中。果陀被形容為流行文化中的幽靈（phantom, ghost），像吸血鬼德古拉（Count Dracula）^{（註一）}一樣。作為這齣戲的主角，果陀是一個「缺席的角色」，他像吸血鬼一樣，成為我們在文化中的一個知覺，儘管很多人並沒有讀過這個劇本，甚至也不知道作者貝克特。果陀也受到醫學論文命名的矚目，有一個例子：Waiting for Godot: a common-sense approach to medical treatment of endometriosis（註二），可以略窺現代醫學對於「子宮內膜異位」診斷的焦慮。政治漫畫也用它作爲取笑的對象，例如：嘲諷英國國衛院缺乏效率，標舉NHS admission（The National Health System, UK）的漫畫捕捉患者在無望中等待的荒謬感。貝克特的《等待果陀》自1950年代起成爲大眾文化的元素，從遊戲軟體到卡通都利用「果陀」的符碼，如果它起初承載的意義飄移不定，現在則被隨意、創意地的挪用，任憑自由心證。例如遊戲軟體Godot Game Engine（2016發行）以果陀爲名。至於以「果陀」爲主題調侃等待的漫畫則不勝枚舉，試舉幾個例子：疫情中Zoom視訊會議等沒人（Tom Gauld imagines Waiting for Godot in the pandemic – cartoon, Jan. 2021）；打發時間的方式（Thing to kill time while waiting for Godot）：兩個男子在一棵枯樹下各自滑手機；在果陀國際機場，接機司機手持尋人牌子「果陀」等不到人（Another day at Beckett International Airport. BizarroComics.Com）。

極簡主義的舞台

　　《等待果陀》舞台、背景與道具極簡，基本上是一系列的象徵符號：一棵樹、一雙靴子、食物、月亮。人物僅五個：兩個流浪漢、潑佐、幸運、偶爾出現的小男孩。

Vladimir and Estragon, taken from the play's debut run at the Théâtre de Babylone, Paris (1953)

1953年巴黎的巴比倫劇院首演

法文版的首頁

人物表

　　　Estragon (Gogo) 艾斯特崗（果果）呆滯inert

　　　Vladimir (Didi) 維拉迪米爾（迪迪）燥動restless

　　　Pozzo　　潑佐

　　　Lucky　　幸運

　　　a boy　　男孩

貝克特企圖在舞台上呈現完全的人類、人性，至少是他所熟悉的歐洲這部分：斯拉夫語的維拉迪米爾，法語的艾斯特崗，義大利語的Pozzo，英語的Lucky（在沒有盼望中的「幸運」自然是反諷）。

人設

　　「人設」是近來的流行用語，公關、行銷、政治人物、網紅格外關切的議題。「人物設定」其實就是劇本的角色設定，創造一個角色給人的印象，透過個性、興趣、習慣、外貌、穿著、用語等方式塑造人物的立體感。根據貝克特與合作的導演史耐德（Alan Schneider）的通信，這對形影不離的難兄難弟的人設如下：艾斯特崗（果果）顯得呆惰，維拉迪米爾（迪迪）顯得燥動（Estragon is inert and Vladimir restless.）^(註三)。舞台演出的時間，維拉迪米爾大部分站立，而艾斯特崗幾度坐下，甚至打起瞌睡。兩人的台詞雖不多，但人設的區隔很早就建立：艾斯特崗是「現實型」，他的顧慮都是眼前、現實的問題，如：脫不下靴子，腳的疼痛。相反的，維拉迪米爾是「思考型」，他思索人生的痛苦，回憶過去

的美好時光。法文的dire是英文的say，Didi善於言說。雖然舞台造型經常呈現兩人似乎是流浪漢，但劇本對服裝、造型並無描繪，貝克特自稱：「我唯一確定的是這兩人戴著圓形帽（bowlers）」。這是十九世紀的英國品牌，半正式或非正式的帽子，裡面有硬質襯裡，工人階級常見的裝束，保護頭部而且耐用。電影史專家馬司特（Gerald Mast）指出，貝克特創造的這對主角顯然有勞萊與哈台的影子。他們是好萊塢1920、30年代黑白片時期的著名的一對英／美喜劇演員搭檔。

Bowler hat, mid-20th century　　勞萊與哈台Laurel and Hardy

Rien à faire, Nothing to be done, 什麼都做不了^{（註四）}

貫穿全戲的這句話法文的原意比英文的含意更多一些，包含it's no good, it's no use（沒有用，沒法子），延伸的意義則是There's nothing to be done in life, nothing to be done about life.（人生沒有什麼可做的；人生沒有什麼你可以做得了主的）。這句僅包含三個法文字或四個英文字簡短的話成為整齣戲的主導動機（leitmotif），像是音樂裡伴隨人物、場景、情緒、主題等重複出現的旋律。每一次的迴旋都加強等待的漫長、無趣、無聊。

難解的文本

英文版約為32,591字，用字簡單，都是日常生活用語。戲劇史上很少有如此簡短的劇本卻引起大量的論述話語試圖去解鎖「果陀」。這個文本非常難解，原因是文本本身的滑移（slippery），缺乏固定的意義，可以說這個文本根本就在逃避──逃避被解釋、被固定。貝

克特1947年在寫小說三部曲的大計劃（*Molloy, Malone Dies, The Unnamable*），此時他藉藉無名，中間遇到創作的瓶頸，寫完前兩部後暫時擱下，作家自道是中場休息（interval），他說：「我想找一個可歇息的空間。」《等待果陀》就是這個時期的作品，短短四個月完成。原本可能是作家釋放壓力的管道，從長期工作的項目逃逸的消遣，竟然意外令他一舉成名。

無意義、不確定、架空的時間與空間

貝克特很受但丁《神曲》吸引，《等待果陀》的世界幾乎是一個煉獄（infero），一個空虛的存在，救贖似乎不可能，人所能做的只有漫長的等待，一再地等待。「幸運」這個人物即是嘲諷處在一個悲慘的世界，裡面沒有神的存在。每一個道具物件，例如那棵樹，被賦予意義，但是隨即這個意義又被否定。除了無意義之外，也缺少確定性，因為這兩個流浪漢甚至不能記得昨天發生的事情，沒有記憶、沒有時間感。果陀每一天都差派一個男孩來說：今天不會來，但這是明天會來。一天一天地過去，果陀一定會來，這就是他們賴以存在的理由。他們緊緊抓住一絲

的盼望，似乎這對流浪漢也可以感受到，果陀在救贖的邊緣，但他畢竟沒有來，所以那一個目的感，那一個存在感也在崩解中。因為存在的唯一理由是等待果陀，所以他們不知除此之外，還有什麼可以依靠。

等待果陀不只是一齣戲，而是人生的狀態

極受貝克特尊重的導演史耐德說：「等待果陀不只是一齣戲，而是人生的狀態」（It is no longer a play, but a condition of life）。這齣戲承載的謎題是，沒有什麼可做時我們怎麼打發時間？觀眾很快地意識到舞台上企圖呈現的就是「如何打發時間」。關於背景：A country road. A tree. Evening. 英文版用的都是不定冠詞a，而非定冠詞the，表示可以是任何一棵樹，任何的一條鄉間小道，任何一晚。法文版則更簡單：樹與路都沒有冠詞。route à la campagne, avec abre（road in the country with tree）. Soir.人物的對白都是非常簡單的日常生活的語言，而且這些語言不斷的被重複。莎士比亞的「人生一舞台」可能是世界上最有名的一個比喻，我們也可以把果果沒有辦法脫掉靴子視為一個人生的比喻，表示在人生

中有太多沒有辦法克服的挫折。第二幕開始的時候，似乎是第二天，因爲舞台布景一樣，但是那棵樹長出些葉子，潑佐和幸運再度出場，一個瞎了，一個聾了。時間的確在流逝，其實不是第二天，可能是漫長等待過程之後的某一天。兩幕結束時，艾斯特崗說：「好，我們走」。但是舞台指示告訴我們：「他們沒移動」。沉默在這齣戲裡扮演重要的角色，和對話一樣的重要，沉默代表沒有行動，思想之流的斷裂，一種哲學的悲觀。

法文劇本的第一頁

Route à la campagne, avec arbre.

Soir.

Estragon, assis sur une pierre, essaie d'enlever sa chaussure. Il s'y acharne des deux mains, en ahanant. Il s'arrête, à bout de forces, se repose en haletant, recommence. Même jeu.

Entre Vladimir.

ESTRAGON (*renonçant à nouveau*). — Rien à faire.

VLADIMIR (*s'approchant à petits pas raides, les jambes écartées*). — Je commence à le croire. (*Il s'immobilise.*) J'ai longtemps résisté à cette pensée, en me disant, Vladimir, sois raisonnable. tu n'as pas encore tout essayé. Et je reprenais le combat. (*Il se recueille, songeant au combat. A Estragon.*) — Alors, te revoilà, toi.

ESTRAGON. — Tu crois ?

VLADIMIR. — Je suis content de te revoir. Je te croyais parti pour toujours.

ESTRAGON. — Moi aussi.

聖經的參照與暗示

　　關於聖經的參照，最具體的例子是維拉迪米爾提出的聖經段落：四部福音書裡面只有一部提到和耶穌同釘十字架的兩個盜匪，其中一人得到耶穌的祝福，臨死前一刻獲得救贖。但是維拉迪米爾質疑，提出一個問題：為什麼四個福音的見證者都在，卻只有一部指出有一個盜匪可以得救，其餘三部福音書中有兩部完全沒有提到盜匪的事情，有一部說兩個盜匪同時嘲笑耶穌。因此在救贖的問題上面畫下了一個很大的問號。這段關於懺悔的囚犯記載於路加福音，描述與耶穌與同釘十字架的兩名無名囚犯，其中一人駁斥不知悔改的另一名囚犯對耶穌的侮辱，並希望耶穌作王時記得他，耶穌對他說：「今日你與我同住樂園」。迪迪的說法並不完全正確：基督受難時，四部福音書的作者確實在場的只有「約翰福音」的作者，但有趣的是，他指出了聖經詮釋學（hermeneutics）這個封閉系統裡面的自我參照和它的不確定性。聖經詮釋學利用的是聖經本身系統裡面的「互文參照」（intertexuality），即是華語信徒稱為「串珠」的閱讀法。因為只在聖經的系統裡面「以經解經」，所以這個詮釋方法被批評為一個封閉的系

統。貝克特是新教的基督徒，他說：「這是一個我完全熟悉的神話，所以我自然而然的引用它」。在西方基督教國度視為崇高的傳統中，耶穌的第一次降臨和信徒期待的第二次降臨（second coming），亦即最後審判的時候耶穌再臨，成為《等待果陀》最終的神話元素。一個似乎沒有止境的世界和無盡的等待，幕起時，舞台上那棵枯乾的樹，既像人的軀殼，又像十字架（註五）。如果枯樹有聖經的寓意：「耶和華神吩咐那人說，園中各樣樹上的果子，你可以隨意吃，只是善惡知識樹上的果子，你不可吃，因為你吃的日子必定死」（創2:16-17）。那棵樹是創世紀裡面的生命樹，還是知識樹呢？答案自然是後者。

結論

這部戲似乎再現（represent）人類存在的狀態：世界不會改變改善，我們所擁有的只不過是我們的習慣──行動所建立的習慣，例如：果果脫靴子，兩人玩丟帽子遊戲。舞台上的元素都沒有固定的意義，象徵體系的意義一旦建立，隨即瓦解。觀眾，學者和導演都想為它找尋一個固定的意義，但是好像人抓著一把流沙，當你抓的時候，

流沙就從你的手指的細縫中間流出去了。你對於流走的沙其實是沒有辦法，無能為力，不能做什麼。

（註一）
愛爾蘭作家伯蘭·史杜克於1897年寫了一本名為《德古拉》的小說，小說中的德古拉伯爵是個嗜血、專挑年輕美女下手的吸血鬼。小說後來被改編成電影，而吸血鬼電影、小說中描述位於羅馬利亞的布蘭城堡（卽德古拉古堡）儼然成為虛實交錯的文化符號。

（註二）
子宮內膜異位是女性生殖系統的疾病，本來應該在子宮內的一層膜狀組織游移到子宮外面，引發經血不止。少數精神醫學文獻指出：此症好發於企圖心旺盛及壓力大的女性。

（註三）
Letter to Alan Schneider, 27 December 1955 in Harmon, M., (Ed.) No *Author Better Served: The Correspondence of Samuel Beckett and Alan Schneider* (Cambridge: Harvard University Press, 1998), p. 6

（註四）
本文劇本人物的中譯根據廖玉如譯註《等待果陀·終局》（台北：聯經，2008）。

（註五）
關於這棵樹的設計，貝克特與舞台設計師（Giacometti）溝通，兩者都認為這棵樹必須與自然的形式完全脫勾。

邱錦榮

臺灣大學外文系名譽教授

前臺大文學院副院長

前臺大外文系系主任

《等待果陀》心死後：
搞不清楚比昂，沒有關係

王明智

之一、為什麼我睡著了？

　　書寫《等待果陀》是個不容易的過程，起先聽到比昂便不寒而慄，抗拒了很久終於打開視頻從電影開始著手。我看的是2001年Michael Lindsay-Hogg執導的版本，沒想到我這位電影的熱愛者觀影的時候竟然睡著了，最後則陸陸續續分段看完，有兩次竟是在健身房的腳踏車上看的（好像非得透過身體的動作喚醒心智，讓它可以持續運轉）。

　　看完電影心底浮升起一種荒涼悲傷感，一方面是電影佈景予人一種末世的空無感，天空總是灰沉沉的，但缺乏層次，像被某種屏幕給阻擋，似假似真；而那顆樹，光禿禿的，就算是第二天長出了葉子，也只有零零落落的幾片，發育不良似的，感覺土地如此貧瘠，很難孕育出甚麼，就算孕育出來很快也被打散了。另一方面有種聲音在

心谷迴盪：「再壞也不過是這樣，不會再有更壞的時候了。」這樣的想法是一種向劇中人物喊話的慰藉？還是，最壞的事情已然發生過？後續的都是一種讓事情不要再壞下去的嘗試？同時，我也在思考我的昏睡，會不會是某種不忍？還是一種向劇中人物認同的共謀？既然記都記不住劇中人物的對話（事實上那些對話有時候感覺更像是刻意要讓我跟不上，聽不懂），讓我無法與劇中人物產生連結。於是我決定不再執著於劇情的轉折以及對話的意義；有時甚至覺得，故事及意義早被貝克特毀壞殆盡，劇中兩位主角就是貝克特心理戰爭下的倖存者，在斷垣殘骸中如何走下去？

Simon, B.（1988）曾談到貝克特作品的特性，反應出生命早期創傷對心智的毀壞：

（1）「我」的問題：人們對「我」或角色的了解少得驚人，一方面是因為自我的異常或不穩定。自我的各個部分，鬆散或整合不良，無法傳達出連貫、以主體為中心的自我意識。自我面貌轉瞬即逝；每個面貌都驅逐了之先前的面貌，彷彿想像力的完美不在於創造面貌，而在於消滅它們。自我的孿生、分裂在貝克特的作品中亦反復出現。自我的被動性在《話語與音樂》（Samuel Beckett,

1961）中被如此讚揚：

「最強大的激情，甚至沒有一種激情比懶惰的激情更爲強大，這是最能影響心靈的方式……」

（懶惰的激情，讓我想到強大的固著，快樂原則的極致，心靈總是想要抄近路。像是一種心靈的死亡的誘惑……）

（2）劇中人物無法學習成長，彷彿沒有吸收、轉化與表徵的工具。他們沒有記憶，也沒有因之形成的慾望。如《等待果陀》中的人物，在不斷減少的同心圓中轉來轉去，沒有進步或成長的感覺。無論發生什麼成長和學習，都是透過逃避、詭計或迂迴間接的動作來抹除。

（讓我想到記憶在等待果陀中被處理像是一個笑話？面對果果腳痛無法拖鞋的痛苦，迪迪不僅視而不見，聽而不聞，再三提醒依然轉瞬卽忘。在診療室中有些個案在面對自己困難聽到的現實時會耳背，因此形成一種笨呆的感覺，又突兀又惹人愛憐。這讓我想到，忘記或許是讓人生比較好過下去的方式，卻也讓人無法透過經驗產生學習，讓過往的經驗無法形成新的意義，因此會形成一種固著的模式，總是在同一個地方跌倒。這也是治療師在診療室中往往會對個案有一種：「你又來了！」的挫折與不耐。）

（3）象徵能力嚴重受損。繼之以對機械或算術的激情或快樂的衝動。

（4）「空無」和「無意義」。貝克特如此宣布：沒有什麼好表達，沒有什麼要表達，沒有什麼可表達的，沒有表達的權力，沒有表達的意願，以及表達的義務（Cohn, Disjecta, 1984 p. 139）。

（5）說故事的不可能，實際上是對說故事的攻擊。在小說與戲劇中，說故事一再被嘲弄、破壞，變得越來越內斂；當不被嘲弄時，說故事的行為似乎是一項不可能完成的任務，沒有動力也沒有精力。說故事這件事基本上是透過一個人向另一個人述說，並將事件以有意義的順序排列——而這種活動被嘲笑。然而，隱隱中有一種持續述說的衝動，即使講述的故事是一個關於什麼都沒有的故事，什麼都不會發生，什麼也不會出現！貝克特筆下的人物錯誤地認為，沒有故事就會有帶來死亡、墮落和不育。

（既然說故事是我們形成意義，與自己和他人連結的方式。那麼攻擊故事就等於是摧毀一種根本的意義活動，難怪乎乍看貝克特戲劇會有極端的昏沉感還有幾乎滅頂的窒息感，原來貝克特正在攻擊我的故事腦。這種攻擊不禁讓人想到比昂著名的文章《對連結的攻擊》。）

（6）對出生和世代的攻擊：《終局》清楚地表明出生在地球上是多麼可怕事，傳宗接代是所有罪行中最嚴重的罪行。死產或未受孕似乎是其角色心之嚮往；子宮裡的生活是有問題的，確實是一種折磨，而生下來就更糟了。

（7）他在60、70和80年代作品的特點之一是我們感興趣的，以一種越來越幾何化、數學化的形式書寫戲劇和詩歌或散文詩的傾向。這個過程可以被看作是一種主題與變奏的音樂創作，但另一方面是「痛苦的數學化」。一方面使痛苦變得更遙遠和更加正式——這可帶來遠離痛苦的效果——但同時由於痛苦被精心設計與塑造，痛苦變得更加強烈。

之二、等待詮釋？

蔡醫師也洞悉了貝克特與比昂這兩位difficult person將帶來的挑戰，因此苦心譯註了Andre' Green 的 "The primordial mind and the work of the negative"，隨著薩所羅蘭「山風頻道」一遍遍跟大夥討論，讓這種容易陷入膠著的觀影經驗慢慢地拉開一個又一個可以想像思考的空間，因此逐漸形成一種想法：等待果

陀也很像在診療室裡等待詮釋的過程。

　　雖然更多時候更像被個案困在一個沒有出路的場景中，這樣講或許是幸運，因為治療師也會不自覺把個案困住，共演出宛如劇中果果與迪迪的百無聊賴；更悲慘的是，如果這個過程受死之本能影響，就會變得如潑佐與幸運般施受虐了。

（一）比昂：十五年的凱蘇拉（caesura）

　　如果說等待果陀，像是等待詮釋，以及在這段期間可以做的事，如何可以不被死之本能主導的強迫性重複所影響。比昂為了這個問題的答案等了十五年（Simon B.的說法），而我們可以等多久？

　　貝克特開始跟比昂分析是在第一次世界大戰之後，比昂將專業興趣從外科手術轉到精神分析，貝克特是他在塔維首個一週多次的分析治療個案。

　　從文獻上記載，兩人在心理上極為相似，都與母親有著難解的關係，也都有著生命際遇的創傷。比昂七歲就離開英屬殖民地的印度，離開父母身邊，「回」到英國寄宿學校就讀，伴隨著同學霸凌還有斷根的分離之苦，形塑了比昂個性中的陰鬱氣質。

「……當我發現自己孤單地站在英格蘭預科學校的操場上，在那裡乾澀地吻別了母親，可以看見，把我與她隔開的樹籬，還有作為遼闊世界邊界的道路上，她的帽子隨著綠色的波浪上下擺動，像是某種奇怪的淑女帽蛋糕。然後消失不見。麻木了，我發現自己盯著一張明亮、警覺的臉……。」

「我學會了珍惜那個可以上床睡覺、把床單蒙在頭上哭泣的幸福時刻。隨著我欺騙能力的增強，我學會了默默哭泣，直到最後我變得更像母親，不笑也不哭。」

比昂第二次生命創傷發生在他的青春年少，在尚未準備好的情況下投入第一次世界大戰。身為一名坦克指揮官，因其勇敢被授予勳章，這個榮耀對他來說是荒謬的，因為戰爭是極端非人性化的經歷。他與同僚不知承受多少恐怖、孤單與孤立無緣的時刻，還有隨之而來的麻痺與人格解體。他描述自己被德國士兵槍擊時的解脫感，因為這是一個人，而非一台機器。也描述自己過於關心另一位士兵的防衛性退行，因為你知道他很可能會被殺。最後，他描述了與精神分裂症防衛有很大關聯的創傷與創傷後狀態。

「他失去了雙眼、右臂和雙腿。儘管護士告訴他，他

不知道我是誰。他只是——只是臉上掛著傻笑。事後護士告訴我，他時不時變得害怕，蜷縮在房間角落吮吸拇指。有一次他告訴醫生，當時的他可以看到在一片開放的草坪，他母親從墳墓起身，慢慢走向他。否則他不會告訴任何人——僅僅走到一個角落，就要以驚人的速度以其殘肢在地上爬行，把左手拇指塞進嘴裡，顫抖著等待著。當一切適應下來，又回到他愚蠢的咯咯笑。」

很難想像經歷這一切的人如何活下來？回到戰後常人的生活狀態。可堪比擬的唯有克萊恩學派所描述的「部分客體」、「分裂」、「碎片」與「投射」。這些術語已經不是術語，而是一個砲彈橫飛屍骨遍野的真實描述。難怪乎比昂在創建containment時用的是軍事術語，以他的敏銳度，應該是語重心長地提醒分析工作者，當我們跟隨著個案的腳步進入早期創傷場域，此情此景就是近在眼前的戰爭或浩劫。

這不禁帶給我一種遐想：在治療現場治療師就像軍官帶領同袍在迷霧中找出路，因為伸手不見五指，敵軍或者地雷無處不在，步步為營才是上策。如果可以找到出路就能得救（生），誤觸地雷或敵軍就被殲滅（死）；無奈我們往往缺乏敏感度，很容易依循著宣洩或過往經驗的方

便巧門（快樂原則／心智死亡），這就是爲什麼比昂那麼強調情感經驗的原因，這是心智開放的最根本，情感可以帶來動力性的線索，就像在一團迷霧中需要雷達（開放的心智），需要一個可以容納與消化情感的心智，還有那總是準備好迎向思考（危險與痛苦，當然不是指受虐傾向那種）的思考者。

比昂的第三次創傷是在第二次世界大戰後，他的愛妻因爲分娩而死，留下他及剛出生的愛女，記得曾經看過比昂寫給愛妻的信，如一個羞怯的少年般眞情流露，眞不知他如何度過黑暗時刻。當時他又重回塔維，也找到克萊恩開啟他第二段分析。他曾透露自己也算一個困難的個案，克萊恩與他工作曾有段艱辛的時光（Culbert-Koehn, J., 2011）。

但是比昂在遇到貝克特，另一個困難的個案，想必也吃了不少苦頭，他拿到分析師資格的論文 "The imaginary twin"（1950）極有可能整理與貝克特的分析，中間間隔了十五年。之後專業生涯也孜孜不倦地針對這些精神病個案持續思考，追根究柢地構建了整個思考理論。

Simon, B.（1988）認爲比昂也將貝克特當作他想像

的雙胞胎，一個內在心智跟自己極為相似的人，來做為某種過渡性體驗或者基準點，並藉此來反思自己的生活以及後續生涯中遇到的病人，直到他終於創造了自己的思考理論，才得以將這個想像的雙胞胎放下，繼續往前走。

想像雙胞胎在《等待果陀》中如同迪迪與果果；他們會彼此陪伴，卻又因為某種執著（fixation）而固著在哪裡，不想有所改變。

比昂當時的論文處理的是個案會在生命早期創造出想像的雙胞胎，藉此否認不受控的客體（或部分客體），再將這種感覺投射到想像雙胞胎身上，藉此掌控這個配對。而治療師在移情中被投射為雙胞胎（分身），治療師一方面要感受到這個投射，另方面透過反移情也要感覺到自己的不存在。從這樣的移情出發，再慢慢去探索那些生命早期面對客體的艱難之處。

如同迪迪果果的對話，插諢打科乍聽有趣，卻讓人昏昏欲睡，心智創造出一種停滯無法向前的困境。如果迪迪果果代表診療室共演的治療師與個案，觀眾如我應該代表心智中的第三方位置（通常這也是可以思考，孕育出詮釋的位置）。昏睡代表在等待詮釋的過程失去功能，認同了昏睡的果果的位置。

值得慶幸的是，果果在昏睡中還可以作夢，在遺忘中隱隱約約記得甚麼，這代表在等待詮釋的過程中還有個「希望的甚麼」聚集在哪裡，雖然此刻停滯，隱隱約約仍等待破繭而出。雖然這些「有希望的甚麼」被迪迪果果感知，卻也被其毫無作爲給阻擋或截斷。

　　而我顯然比果果幸運許多，雖然我也昏睡，但醒時的夢（也就是這些想法與書寫），既使是斷簡殘篇的惡夢，還是有人願意傾聽（就像薩所羅蘭安排的與談人葉曉菁，還有週日會內對話的夥伴）。迪迪的夢，還有我掙扎求生地醒來並且書寫，像是要捕捉這些有希望的「甚麼」，將它們聚攏成形（多像那些腸道的糞便終於可以產出），透過漫長的凱蘇拉（休止符）看看能否將它們轉化成有意義，可思考的東西（詮釋）。

　　這也像是比昂在貝克特身上經驗到的β元素，經過十五年的凱蘇拉，慢慢地將不通透的接觸屏障（contact barrier）有些部分變得通透，β元素遂逐漸被轉化爲α元素，形塑了比昂的寫作。

　　我們也可以想像貝克特這位困難個案造成比昂早期職業生涯的創傷，使得比昂需要透過不斷地回到這個生涯的起點（也像是貝克特回到產前生活般），思考那段期間兩

人互動的困難，好讓自己的專業思考（理論）可以順利誕生。

　　這種困難還可以延伸為：比昂自己生命所經歷的困難：失落與孤獨、破壞性力量（霸凌或戰爭），還有關於精神病人在母嬰關係中的困難，無論是在心理的發展，還是個體的交流，那不斷透過共演干擾的，所有被分裂、被截斷的東西。

（二）貝克特：崩潰的恐懼

　　貝克特年輕的時候經歷身心多方面的痛苦，據他的女友佩吉·古根海姆（Peggy Guggenheim）所說：「從他出生以來，每次都保留著母親子宮裡可怕的生活記憶。當他感到快要窒息時，就是在承受這種痛苦……」（Chevigny，1969 p. 3）。

　　之後他找比昂分析時症狀有緩解，但在1934年8月，曾返回都柏林跟母親同住，出現了嚴重的復發，加速他返回比昂處繼續治療。1935年秋天分析陷入僵局，比昂建議他與貝克特去聽榮格在塔維的演講，那是關於精神病理與創造力的講座。講座中榮格的話深深觸動貝克特，主要評論一位十歲女孩的夢，預示了她的死亡。榮格從夢中得

出結論：「她從未完全出生」。貝克特抓住這句話作爲個人分析的基石。他的所有行爲，從簡單的反覆臥床到根深蒂固需要經常拜訪極難相處的母親，都是不完全的出生……套榮格的話，貝克特終於找到他與母親關係的合理解釋。如果他沒有完全出生，如果他確實有產前記憶並且記得出生是「痛苦的」，那麼對他來說，流產的、有缺陷的過程導致他人格發展不全，是合乎邏輯的。

貝克特的故事讓我想起溫尼柯特在《崩潰的恐懼》中提及的案例，有位女病人終其一生都在尋求自殺的解方，第一次去見溫尼柯特時就跟他說：「我想請您幫忙我，爲著正確的理由，而非錯誤的理由自殺。」溫尼柯特將這話理解爲：長大成人後的尋死，其實是嬰兒的她早已死去（這種死亡除了肉體的死亡之外，更是心理在面對早期處境之艱難，如果這些感受無法透過母親的涵容將ß元素化爲α元素，往前一步就是殲滅般的感受）；個案的母親因前置胎盤造成恐慌與分娩困難，使個案的產前意識過早被喚醒，存在的連續性被打斷，這些都被她體會爲幾近死亡的感受。

生命早期的死究竟是甚麼滋味？就溫尼柯特的個案而言，母親的前置胎盤宿疾會造成大量出血，可能會使寶寶

窒息而死。再加上母親過度恐慌，無法在這個過程中給予寶寶扶持，造成人格核心很大的毀損。面對這種情況的寶寶，會造成自我組織扭曲，或者對於倚賴的極端困難（或融合的恐懼）。

讓我們想像母親的胎盤病變，子宮作爲母女融合的所在地，胎盤作爲輸入營養與排放有毒物質的樞紐，小孩可能會經驗到一種吸收與排除的不適感，有毒的母親，或者有毒的幫助無所不在，在生命最早的培育之地，卻成爲充滿著死亡氣息的沼澤。

如果說害怕崩潰是害怕想起生命早期那種防衛全然瓦解的經驗（誠如溫尼柯特列出的：回到未整合的狀態，永遠墜落，心身合一的喪失，安頓失敗，失去眞實感，失去客體關聯的能力。）那麼貝克特恐怕也如這位女性個案一樣，反覆經驗著產前生活的痛苦煎熬，使得貝克特不斷藉由身心症狀去表達那些莫名的煎熬。臥床困難讓我想到胎盤變成難以安眠的危險之地，反覆拜訪難以相處的母親，像是想要回到自己的來處，去確認產前生活到底發生甚麼事？可以勾勒出它的意義？有可能透過成年的自己掌握它？特別是想要將此種親子間的連結變得有意義，卻一再地經驗某種截斷？這樣的截斷如果發揮到極致，不免就會

讓人想到背後強勁的死之本能力道了！

處於這般困難處境的貝克特，彼時恐怕很難理解發生在他身上的究竟怎麼回事？他的內在心智做為一個未被好好出生的幽魂，困在母親飄散著死亡氣息的子宮裡；而肉身的他，被無情地拋擲到外在現實中，這兩個他被硬生生地截斷，生死兩茫茫。難怪乎他需要治療師（比昂）作為他的想像雙胞胎，幫他說出那難以言喻的子宮內記憶，此時才能連結起子宮內外的兩個他，還給他一個完整。面對如此困難的個案，治療的下一個階段，恐怕就是治療師會被投射為死亡的子宮或者滅絕的小孩，在我想像中，比昂應該還未走到這一階段，而他與貝克特，用各自的精采，接續了未完成的治療。

（三）潑佐與幸運

潑佐（沒聽進去。）哦，是！這夜晚。（他抬頭。）可是請務必多留意一點，否則我們永遠都不會有進展。（凝視天空。）看。（除了幸運還在睡，所有人看天空，潑佐猛拉繩子。）看天空，豬。（幸運凝視天空。）好，這樣可以了。（他們停止看天空。）這天空有什麼特別的呢？作為天空，它蒼白而且散發亮光，就像每天這個時辰

的天空一樣。（停頓。）在這種緯度，（停頓。）如果天氣不錯的話。（抒情語氣。）一個小時以前吧，（無聊地看錶。）大約啦，（抒情地。）從早上十點起，（遲疑，無聊地。）便不斷地流瀉（抒情地。）不間斷地釋出光芒而喪失原本燦爛的光彩，轉為蒼白。（兩手張開一頓一頓地下垂。）蒼白，愈發蒼白，更蒼白直到（戲劇性地停頓，雙手誇大地猛拍。）啪！結束了，一切都靜止了。但是－（警告性的手勢。）－但是潛藏在這溫和平靜的面紗下，夜晚掌控了一切（興奮地。）然後突然出現在我們眼前。（手指摩擦出一響聲。）啪！像這樣！（熱情消失了。）就在我們最料想不到的時刻。（沉默，憂傷地。）這就是他媽的大地現象。（沉默良久。）

艾斯特崗　只要知道這麼回事。
維拉迪米爾　只要可以等待良機。
艾斯特崗　　只要知道指望什麼。
維拉迪米爾　無須煩惱。
艾斯特崗　　單純等待。
維拉迪米爾　我們已習慣了。

（撿起帽子，看裡面，抖抖帽子，又戴上。）

（取自：廖玉如譯，頁45-46，聯經出版社。以下皆同版本，不再另行註明。）

如果說迪迪與果果代表著在漫長且百無聊賴等待詮釋的過程中，雖共演卻還能有所陪伴的治療師與個案；那劇中另一組配對，潑佐與幸運，則是全然地施受虐了，這樣的關係不僅是截斷的共演，更是截斷的極致，死亡。

諷刺的是，迪迪與果果經一度認為潑佐就是果陀；就我來看，潑佐很有可能是果陀，當然這指稱的是靠近死亡的那一端；的確，診療室中，有可能治療師與個案等到得不是詮釋，而是死亡（從共演到僵局，更甚者還有可能會造成傷害或者倫理侵害）。

在波卓煞有其事地為迪迪與果果形容暮色，那令人迷眩的顏色變化，卻只消一霎那，冷不防地，倏地夜色將我們捕獲，忽然間我們的心智被無明與死亡所壟罩。

而迪迪與果果要潑佐不用為他們窮擔心，他們早就明瞭也已習慣，只要等待即可。這是甚麼意思呢？既使被死亡所捕獲，還是可以等待？這代表雖無力且無奈卻還可以懷抱希望嗎？如果是這樣，那死亡的力道還沒那麼強大。

當波卓似是而非地凌虐著幸運，或者以花言巧語將幸

運吃剩下的骨頭魅惑果果吃下時，迪迪與果果似乎也沒有全然被他扳倒，還能懷抱著人性與善意，去關懷那麼支離破碎的幸運（或許也代表著自己的一部分）。

我們都知道驅力本身就具有施受虐的特質，它全然固執，只往特定的方向駛去（就像潑佐鞭打著幸運揚長而去一般），這是強迫性重覆的基本特性；驅力的特質如果向恨的一方傾斜（也就是受死之本能招喚），那為的就不是百花齊放草木勃生，而是為了毀壞殆盡終歸於空無。波卓與幸運的施受虐關係，似乎在提醒我們人人均有被驅力驅策的危險，如果不多加注意，很可能會導向毀滅？

趨力的另一個特性是趨樂避苦的排空，宛如水中漩渦般將思考吸空，往無生命的方向旋入；特別是痛苦的體驗發生，驅力的這種特性會成為某種方便巧門，使得我們無法將那些痛苦的體驗轉化為可以促進心靈成長的沃土。

其中幸運有一場思考的表演，便充分體現了這種特性，他以連綿不絕地旋風之姿席捲迪迪果果與潑佐：

幸運念他的長篇大論時，其他人的反應如下：（1）維拉迪米爾和艾斯特崗全神貫注，潑佐沮喪而且厭惡的表情。（2）維拉迪米爾和艾斯特崗開始排斥，潑佐更痛苦。（3）維拉迪米爾和艾斯特崗又開始專注地聽，潑佐

愈來愈激動且不斷呻吟。（4）維拉迪米爾和艾斯特崗抗
拒得更厲害，潑佐跳起來拉繩子。大家一起拉，每個人大
叫。幸運也拉繩子，重心不穩，大聲喊出他的話。三人往
幸運身上撲，幸運掙扎且大聲地喊出他的話。（廖玉如
譯）

　　看到這一段時我不禁噗哧笑出，心底知道這種笑是為
了抵抗某種恐怖，不知道大家孰悉與否，幸運那一長串此
恨綿綿無盡期的「思考」，用beta元素淹沒我們，讓我
們領略到甚麼是思考之排空。幸運就像是診療室內被死之
本能驅使的個案所帶給我們的感受，剛開始我們的確會全
神貫注，漸漸地我們感覺到一股力道，使我們既痛苦又想
排斥，身心開始被啟動一連串莫名的感受，這時候有些治
療師會在心底喃喃，或者開始擺動起身體好排遣焦慮或者
喚醒自己（如果是使用躺椅更可以這樣做），沒有躺椅的
治療師或者會偷偷掐自己的掌心皮膚，到後來我們拉不動
自己心智的那根繩子，很有可能行動化到要教個案閉嘴。
這時候我們的詮釋很可能變成是撲倒個案的暴力。

　　潑佐與幸運的關係彷彿是一種提醒，暗示著診療室內
的共演（如同迪迪果果般等待果陀），如果不稍加留意，
逐漸地導致治療師與個案心智的癱瘓與死亡時，我們等到

地恐怕不是詮釋，而是被死之本能主導的潑佐與幸運。第二幕的潑佐與幸運，一位眼盲一位暗啞，還有莫名地跌倒便無法起身，暗喻著死亡的力量沉重如鉛般讓人沉淪。

我認為貝克特透過等待果陀的潑佐與幸運，訴說了子宮內的生活是怎樣的景況？我們都知道，原初客體從一開始就失落了，主體為了對抗這種失落，進而透過表徵去恢復失落的客體。而等待果陀的潑佐與幸運，則讓我們「目睹」了處於死亡子宮的嬰兒的痛苦掙扎。原初母親化為潑佐，所有表徵的努力不斷地經歷「流產」的歷程。治療師的善意與守候，堅持著生的力量與慈悲，如何不讓治療成為某種不斷流失的過程，就顯得萬分重要。這也是在等待詮釋過程中，必須面對的挑戰。

之三、如何等到詮釋？

（一）有思想者的思考

「關於在診療室裡我們除了詮釋的技藝之外，我們還需要什麼技能？這是在克萊因和安娜佛洛伊德當年，在對『詮釋』的時機的不同爭論，所需要的是尋找理論來進一步思索這議題的方向，而不是只依著學派的論點。如果

在對於這些生命早年的心智經驗，還有很大的空間來描繪時，意味著我們的技能的細緻程度，還有很大的精進空間。一如要對某人示愛或表達恨意的過程，如果是在很未明的情況，人是會盡其所能的將過程加上細緻化的。」（蔡榮裕對Green, A. (1998) The Primordial Mind and the Work of the Negative的註解。私人文件。）

　　詮釋是精神分析實作的核心，讓我們先從比較簡單的部分說起。關於蔡醫師所提問的：如何將詮釋細緻化？就我的想像或許就像創作一首詩的過程，首先開放自己的五感，讓內外在的刺激可以停留在身體與心理，然後有一個空間可以容納它們。這個空間我也會想像像是一個巢，可以將這些粗糙原始的素材孵化，慢慢地孵成一個有意思有美感的句子的過程。

　　而在詮釋之前的準備工作是甚麼？或者，在孵化出詮釋之前可以做甚麼準備工作？

　　我想到的是促進個案的自由聯想的過程。這邊有許多小技巧，譬如，我們會問問題，但是不是封閉性的問題，因為這樣會變得很像是警察辦案，而是開放性的問題。再者，透過我們的同理，讓個案開始對於他所描述的故事有所感，因此會想到更多。另一個是連結，我們會把個案說

的故事A連結到另一個他說的故事B，這樣做也是為了讓他有所感，想到更多。另外一個是隱喻化，把個案說的故事用一種隱喻再說一次，這也是為了刺激個案從不同的角度在感覺一下他說的事情。對我而言，這也很像是共同創作的過程。

或許這個孵化的過程也是所謂的負向能力，在詮釋發生之前，也像是引渡思考者可以在診療室出現的過程。與其說是孵化出詮釋，不如說是，孵化出思考者。

共同創作的精神在孵化（負向能力）也是很重要的。這也像是一起演奏爵士音樂，治療師當然不全然是主奏，也需要引介個案讓他有獨自發揮的機會（這時候治療師需要做的事是好好閉嘴聆聽，如果非得要發出甚麼聲音，這樣的聲音只是為了成全個案的主奏可以愈來愈清楚，愈來愈有特色，終究可以發展出迷人的樂句）。也就是說，每當主奏樂器出場時，其他人可以退回背景，退回負的，一方面看看主奏者如何琢磨他對樂句的思考，或者表達，或者不表達。然後接下來換治療師主奏時再說出他對個案樂句的看法。好的詮釋往往可以激發個案對治療師剛剛主奏時的欣賞與感通，進而創造出他心中的樂句。

或許有人會說我用合奏爵士樂做比喻會不會理想化

艱困的臨床實情，我的想法是，就是因爲臨床現場如此艱難，因此爵士樂的想像給我一種希望，讓我相信自這一團莫名所以的迷霧中，終究會有撥雲見日的一刻。

（二）孵化的巢位在哪裡？

以下這段非常重要的把佛洛伊德、溫尼柯特以及比昂的概念做了一個統整，特別講的是那個有通透性的心智薄膜區。

「在1962年，他將這些經驗整理成一篇A Theory of Thinking，也在同年出版《從經驗學習》（Learning from Experience），在這本書裡比昂描繪，他使用alpha-function來概念化，情緒經驗的素材如何被處理和消化的功能？也包括比昂思考關於思想（thought）是如何產生，來承納和減少投射認同一昧把難以忍受的經驗往外投射的作用，以及接觸的遮屏（contact barriers）的概念。

比昂說那是『將心智現象（mental phenomena）分成兩組，一組執行意識的功能，另一組執行潛意識的功能』，那被解讀成是如同在前述，意識功能和潛意識功能之間的滲透膜般的遮屏，依我的解讀對比昂來說，那個屏障區域是有著，被alpha function消化的感官經驗成alpha elements

後，它們聚集起來的所在，它會影響著後來對事件的記憶。它是意識和潛意識之間，外在現實和內在真實之間的地帶。

也許是和溫尼科特的『過渡空間』有著異曲同工的意味，不過由於使用不同語詞後續的聯想的不同，也會有不同的未來成果。也許它也像佛洛伊德所說的防衛的性質，不過如果從那是alpha elements，這些的聚集物是等待可以被分析的素材。因此它們會有著防衛的性質，可能和佛洛伊德的原本的防衛，由自我產生會是有著不同的命運。值得來進一步想像，或者這區塊和溫尼科特的過渡空間的關係是什麼，也是值得再探索。」（蔡榮裕對Green, A. (1998) The Primordial Mind and the Work of the Negative的註解。私人文件。）

這個接觸的遮屏（contact barriers），或者如蔡醫師所比喻，在意識功能和潛意識功能之間的滲透膜般的遮屏，或者連結到溫尼柯特說的過渡空間，對我而言就是存在於治療師心中的可以孵化出詮釋的巢。

首先，當然是治療師在心智中擁有這樣的巢，才可以在診療室的內在外在設置中烘托出這樣的巢穴感，慢慢地個案才有可能也在自己心中可以搭建出這樣的巢。

因此，個案（精神官能症）的防衛、阻抗、移情或許都是聚集在這遮蔽區的「被alpha function消化的感官經驗成alpha elements後，它們聚集起來的所在」，這是一個可以等待思考者出現的所在，在這裡，就可以在身體的快樂原則之外（特別是排空掉那些不愉快的感受），逐漸地擁有負的能力（也就是在這個巢穴中孵化出詮釋的能力）。

　　這個孵化詮釋的巢就是等待果陀場景的發生地，而所謂負的工作應該就是治療師在面對這樣生死交關的歧路，想要選擇生或者選擇死。選擇生就注定要讓其「生機勃勃地承受」，讓這些無以名之的β元素可以暫且聚攏在治療師身心所構築的巢穴中（當然外顯的表徵就是治療師的設置），讓這些破碎支解甚至難忍的感受可以在這裡孵化（我認為「孵化」比之慣用的「消化」更能表達「等待」的意味，孵化同時具有被動與主動的意涵，就像一位母親在懷孕時等待寶寶的誕生，想像寶寶的誕生，乃至寶寶的未來。這會帶來某種希望感），直到這些未成形的思想逐漸擁有它的形狀，終究可以形成表徵，化為語言。

　　這個過程在比昂的《對連結的攻擊》（Attack on Linking）有了清楚的演示：

「治療有一半的時間沉浸在沉默中，病人隨即宣布，有一塊鐵掉落地板。然後病人在沉默中開始抽蓄，彷彿有甚麼東西從內在正攻擊他。我說：他無法與我建立聯繫，因為他害怕內心所經驗的東西。他說：感覺自己被謀殺了，來確認我的話。他不知道沒有分析將會怎麼辦，即使分析可以帶給他幫助；我說：他會忌妒自己也會忌妒我，忌妒我們可以一起工作，來讓他感覺好些。因此他要把我們這雙配對變成死寂的鐵與地板，而這些無法帶給他生命，但卻可以謀殺他。他變得非常焦慮，說他無法繼續下去；我說：他感覺無法繼續，是因為他不是死就是活，而且對於將要停止的好的分析感到忌妒。剩下來的時間被一段段關於事實的陳述所孤立起來，病人試圖跟外在現實保持聯繫，來否認內在的幻想。」

這個臨床片段最引人注意的就是「一塊鐵掉落地板」。透過幻覺帶來的截斷感，攻擊了病人以及分析師的感受與思考。

如何可以被分析師留在心智的「接觸遮屏」中？有經驗的工作者可能會開放自己讓幻覺為自己帶來體驗，然後想辦法讓這些體驗可以留在自己的身體與心理（特別是情感）：從比昂的行文間可以感覺之前分析師與病人應該有

不錯的交流，在長長的沉默中突然被病人的幻覺所驚嚇；這個突兀的幻覺，所帶來的撞擊感，讓好的交流活生生被截斷，我們甚至可以想像撞擊聲帶來的心悸，或許就像被槍襲擊猛然暴斃；這個幻覺也像某種警告，警告好的交流是危險且致命的。

首先這些無以名狀難以消化的β元素，因為有了治療師的遮屏，稍稍得以聚攏在這個不通透的巢穴安放著，待沉澱到一定的量之後，遮屏通透的部分變多，β元素慢慢通過遮屏通透的部分，再慢慢地轉化成α元素，互相連結成形。

比昂應該是透過自己的感受，還有觀察病人抽蓄的表情，推斷出病人的心板的確被一塊沉重的鐵塊給攻擊，因而理解病人對於交流的恐慌。綜上種種，才得以幫忙病人將幻覺背後的感受說出來：「你無法與我建立聯繫，因為你害怕內心所經驗的東西。」

果然病人回應說：「感覺自己被謀殺了，我不知道沒有分析將會怎麼辦，即使分析可以帶給我幫助。」

因為病人對於詮釋有良好的回應，因此比昂可以延續這種感受持續工作：「你會忌妒自己也會忌妒我，忌妒我們可以一起工作，來讓你感覺好些。因此你要把我們這雙

配對變成死寂的鐵與地板，而這些無法帶給你生命，但卻可以謀殺你。」

　　第二個詮釋精彩地將病人感受到的攻擊還給病人，將其被迫害的感受展轉或爲對於分析師好乳房的忌羨，將這些外在的，對於客體的幻想回歸到自己的內心。

　　當然，在閱讀《對連結的攻擊》時總是想起迪迪果果糾纏難解的關係，第二幕的最後，迪迪對果果說：

維拉迪米爾　但是我可以發誓，我們一起在那裡摘葡萄，
　　　　　　爲一個叫……（捻手指。）……想不起那個
　　　　　　人的名字，在一個地方叫（捻手指。）……
　　　　　　想不起來那個地方的名字，你不記得了嗎？
艾斯特崗　　（略微冷靜。）可能。我什麼都沒注意到。
維拉迪米爾　但是在那裡什麼都是紅色的。
艾斯特崗　　（激怒。）告訴你，我什麼都沒注意到！
　　　　　　（沉默。維拉迪米爾深深歎息。）
維拉迪米爾　你這個人很難相處，果果。
艾斯特崗　　我們分手就好了。
維拉迪米爾　你每次都這麼說，每次都爬著回來。
艾斯特崗　　最好殺了我，像那個人一樣。

維拉迪米爾　　什麼那個人？（停頓。）什麼那個人？

艾斯特崗　　　像千千萬萬的人。

維拉迪米爾　　（咬文嚼字地。）每個人都有小小十字架要背。（歎息。）直到他死了。（想到另一事。）而且被遺忘了。

艾斯特崗　　　既然我們無法保持沉默，我們就試著心平氣和的說話。

　　這段對話在許多忽略、遺忘、憤怒、放棄後，還是會有小小的真心，值得注意的是，真心就代表某種連結（跟自己與對別人）。而所謂心平氣和地說話，是想讓接觸的遮屏變得較為通透，讓那些話語變得可以被理解，至少可以被安放在心底，不會很快予以丟棄，「等待」著下一次可以被接住的「希望」，就像他們在這個接觸的遮屏區等待著果陀（詮釋）……。

參考文獻：
貝克特著，廖玉如譯：《等待果陀·終局》（臺北：聯經出版社，2008年）

電影
https://www.imdb.com/title/tt0276613/

Green, A. (1998) The Primordial Mind and the Work of the Negative. International Journal of Psychoanalysis 79:649-665

Culbert-Koehn, J. (2011) An Analysis with Bion: An Interview with James Gooch. Journal of Analytical Psychology 56:76-91

Simon, B. (1988) The Imaginary Twins: The Case of Beckett and Bion. International Review of Psychoanalysis 15:331-352

誰是比昂？

與談人：葉曉菁

《等待果陀》第一幕。

傍晚時刻，鄉間小路上有一顆樹。兩個流浪漢迪迪和果果拉開了序幕，然後來了波卓和幸運兒這對主僕。接近尾聲小男孩捎來果陀的訊息：「果陀今晚不會來，但是明天一定會來。」

沒有人提及，也沒有見到一個叫比昂的人。

誰是比昂？

為何等待果陀？

如果遇到了果陀，能問起比昂嗎？

提問向來是輕鬆不費力的，順著往下尋找答案通常能有不錯的開展方向。心理治療的工作中，我們也很常對個案的述說提出很多疑問：

「他為什麼來治療？」，「為什麼現在來？」

「為了不感到恐懼他做了什麼？」，「什麼時候過去這些努力都不管用了？」

關於個案提供的答案，或說是「證據」，一個治療的片段透露比昂的想法：

「Patient：“我記得我父母那時在一個Y－shaped stair的top，而我在bottom……然後……”然後病人就停在這裡，沒有聯想。

Bion：（等待）並且如常地有許多自己的自由聯想（我沒說出來因為我照說應該要當分析師）。我想到這像是一個視覺影像的語言描述。這麼短的陳述讓我馬上想到一定有很多我看不到的意義。如果只是視覺，我可以把Y寫下來。但我又想到如果拼成Whyshapedstare將會更能理解。但問題是我看不出有任何有意義的方法能告訴個案這個，我也無法製造出任何證據。所以我什麼也沒說。

P：過了一陣子後繼續說話。

B：後來想像如果從交叉點往下壓，Y－shape將會變成一個像漏斗的錐狀體。如果上拉，將會變成一個像乳房的錐狀體。事實上這是病人的聯想。但我仍然迷失，不知道該如何說才能形成詮釋，才能讓病人理解。我能同時有洞察力又清晰明白嗎？

......

B：下次治療，我似乎是在用傳統可被接受的詮釋殺時
　　間。然後決定說『我完全確定你所說的意思就是你要
　　傳達的，但我認為除了你已經告訴我的意義之外，這
　　也是某種視覺上的雙關語。』然後我給他我的詮釋。

P：『是，這是對的。但你在這上面花了好多時間啊。』

B：現在問題是，對於這個詮釋，病人在給我什麼證據，
　　我又看到或以為自己看到什麼證據？病人說〔是，這
　　是對的。〕沒有問題，我相信他。但我不知道為何他
　　認為它是對的，或為何它是對的。真實上，我不知道
　　那個陳述的證據是什麼。」

（周仁宇譯，Bion, 1976. Evidence. CWB X:131）

　　如果我們有毅力地持續尋找「答案」，「終點」會在
盡頭等著嗎？迪迪與果果有答案告訴我們嗎？

迪迪：「他說果陀明天一定會來。（停頓）你有什麼意見
　　嗎？」

果果：所以我們該做的就是在這裡一直等他。

迪迪：你瘋了嗎？我們必須找個可以過夜的地方。（拉果

果的手臂）走啦！（果果跟著他，果果服從，之後又拒絕。他們僵住。）

果果：（看樹。）可惜，我們沒有繩子。

迪迪：走啦，天氣很冷。（果果跟著他，如前。）

果果：提醒我明天要帶繩子來。

迪迪：好，走啦！（果果跟著他，如前。）

果果：到目前為止，我們在一起多久了？

迪迪：不知道。50年了吧！

果果：你記得我跳入羅恩河的那一天嗎？

迪迪：我們在採收葡萄。

果果：你把我撈起來。

迪迪：那些都是過去的事了，早忘光了。

（取自：廖玉如譯，頁68-69，聯經出版社。以下皆同版本，不再另行註明。）

「和朝夕相處的伴侶共有的回憶皆被否認時，過去的一切則失去意義。既然過去已如過眼雲煙，瞬間消散，迪迪所能面對的只剩現在的時刻，而現在的每一時刻都是為了等待果陀。」（廖玉如, 2008）盡頭是等待，那是什麼心情呢？如果有一個等待的心情是不知道即將會面臨什

麼，比昂與母親分離的情感經驗讓人很有共鳴與畫面：

比昂（Wilfred Bion）於1897年出生在印度西北部的Muttra。在他八歲時被送到英國的寄宿學校，忍受了痛苦的分離，生前沒有再返回印度。（Culbert-Koehn, 2011, p.89）

「火車穩定地運轉著，有時痛苦地爬在西部山脈的陡坡上，直到它進入孟買的月台。這個火車站，如同其他英國統治（British Raj）時期的建築物，混合著粗俗的地方風格以及帝國的國內特色，這即使在回憶中也能激起我沉痛的鄉愁。因此，當我發現自己孤身一人在英國的預備學校操場上時（我在那裡親了媽媽，給她一個乾著眼的再見），我能看到，在分隔我和她之間的圍籬以及作為世界邊界的那條路之上，她的帽子上上下下就像奇特製造的女帽蛋糕在綠色圍籬的波浪上浮動。然後，她走了。」（周仁宇譯，Bion, 1982, The Long Weekend, England）

「詹姆斯：……我讀了一篇（未發表的）論文，是一位大學教授採用比昂的戰爭日記向新生教授一門本科作文課程。作者認為，比昂之所以能夠以他的方式寫作，是因為他獨特的個人經歷，尤其是在第一次世界大戰中，還有他八歲時離開印度的創傷……他深深的孤獨和創傷。」

（註1：本次採訪的對象詹姆斯古奇(James Gooch)於1970年畢業於南加州精神分析學院。他目前是比佛利山莊的一名執業分析師，他在1971到1976年間與比昂一起進行分析。詹姆斯在接受榮格分析家喬安・庫爾伯特－科恩的採訪時詳細描述了他對比昂的分析的變革性經歷。詹姆斯博士描述了他在分析訓練期間，使用比昂進行的分析與傳統弗洛伊德分析之間的重要區別。採訪在洛杉磯榮格研究所的演講室進行，作爲公共項目臨床對話系列的一部分。）

　　與個案的工作中可能都會面臨到個案缺席、遲交費用、停滯或進展緩慢的狀況，治療師漫長等待的過程裡，關於這個爛工作，或是災難，「比昂認為分析師需要訓練自己接近符號O的直覺，透過剝奪（no‑thing），透過有紀率地要求自己不要定居於記憶和欲望裡（without memory and desire），而所謂『好的治療師』（或稱為『有效能』的治療師）會成為彼此雙方成長的阻礙。我們總是強調治療師的 "good container" 功能，想要調控情緒真實的快樂和苦痛，但那會遠離真實，會把O切成ego的形狀。」（周仁宇譯，Eigen，1981）「談到分析的目的，比昂不會聲稱可以達到任何超出近似值的目標。在某種程度上，與無形的無限相比，所有的知識都是絕對真理的損失。因此比昂提倡抱持一種態度，『一個人能夠處於不確定性、神

祕性和懷疑之中，而不會急躁地追尋事實和理性。（濟慈，1817）』」（蔡榮裕譯，Green，1998）Green描述當他引用Maurice Blanchot的句子 "La rkponse est le malheur de la question"（答案是問題的不幸）時，Bion是多麼震驚。他多次使用這句話。

我們如何透過語言來理解與表達「悲涼」的感受？尤其當我們處在「不知云」的狀態？「舞台上迪迪和果果忙了一整天，卻以一句『什麼都做不了』總結他們所有的行為。此話徹底抵消他們一生的努力，也凸顯其所有作為皆徒勞無功。」（廖玉如，2015，p.170）

「在比昂理論的眾多創新中，有一個意義重大的符號K代表知識。與弗洛伊德和梅蘭妮·克萊因相反，比昂決定捍衛知識作為一個獨立範疇的存在，不能將其歸結為另外『愛』與『恨』兩個的相互作用。單單用愛和恨作為驅力的表達，是無法解釋科學對心靈的征服，也不可能獨立捍衛心靈知的能力。K象徵知識，-K是它的反義詞。-K不僅象徵著無知，而且還像徵著一種積極保持無知的趨勢，採取一種態度，即避免覺知是有利的，而對接近真理則不利。」（蔡榮裕譯，Green，1998）採取對「否定」的主動性，在《等待果陀》裡呈現的是重複的行為。

「舞台上迪迪和果果每天等果陀，等待時彼此關懷、互相擁抱、一起玩遊戲，也咒罵對方、禮尚往來攻擊彼此。果果吃胡蘿蔔、睡覺、扯鞋子，迪迪上廁所、沉思、玩帽子。他們如同馬戲團的小丑，有繁複的手勢卻沒有實質內涵；所有重複的語言和動作，只是凸顯等待的荒謬感。《等待果陀》劇作家貝克特曾說重複動作是此戲的啞劇，強調這齣戲內容的千遍一律（monotony）。這種不成功的動作，主要的力量來自於想保持自尊，幫助他們在逆境中力求保持優雅之姿。是他們的尊嚴向恐怖情境搖頭，但也跟內在真實的聲音擺手說不。和那股莫大的隱形主宰力量相比，他們顯得渺小，但是『否定的哲學』讓他們陷入痛苦深淵，而同時也肯定自己。貝克特的人物以『不』表達對『是』的渴望，而此『不』的力量，竟跟他們面對的力量形成勢均力敵之勢。這些『破碎的臉』從未整合過，而他們的不完整，也凸顯所處世界的荒謬。他們就在體會荒謬和虛無中，表現最強韌的生命力。」（廖玉如，2015，p.170、173）

「精神分析學家滿足於成功地為廣闊的無知大陸貢獻了一小部分知識。但是，與短暫照明的閃光相比，比昂痴迷於巨大的黑暗。比昂所做的在某種程度上與弗洛伊德

在面對重複強迫之謎時所做的相媲美。當然，現在明白，在超越快樂原則中，這是因為他無法找到精神分析實踐提出的問題的答案。比昂以他自己的方式，對同樣的問題感到困惑，轉向繪畫、音樂、詩歌、哲學、神學，最重要的是幾何學。在《注意與解釋》中，既有試圖達到科學演繹系統成就的舊趨勢，也有新的趨勢，他提到了天文學、社會學和神祕學研究。我們可以看到，比昂為了逼近真相而走得越遠，他就越意識到一個模型不能包含心理體驗的全部。」（蔡榮裕譯，Green，1998）

「喬安：請問您今天的分析實踐，以何種方式反映了比昂與你的分析工作？

詹姆斯：比昂在整個分析過程中，非常敏感的一件事是，被分析者模仿他們的分析師或督導的危險——對他來說，作為一名分析師意味著發現你內心的精神分析師。這就像一個指紋。我從比昂那裡學到的另一件事，我覺得非常有用，那就是尊重和欣賞情感生活的複雜性的重要性。在這種模式下，我可以隨時聽到房間中可能存在的不同聲音，因此可以嘗試解決似乎最迫切需要的聲音。此外，我學會了尊重所有聲音的完整演員或合奏。這讓人們對自己

的複雜性有一種感覺。他會說，儘管精神分析可能是理解和觀察人類心理的最徹底的持續工具，但它幾乎沒有觸及表面。」（Culbert-Koehn, 2011, p.82）

......

"Lost is how I'm feeling lying in your arms

當我枕在你的臂膀之中覺得失落

When the world outside's too Much to take

當世界在外面是太多東西可以選擇（指別的對象）

That all ends when I'm with you

因此當我跟你在一起所有就已經是終結

Even though there may be times

雖然這或許有數次

It seems I'm far away

這就像我走得很遠

（But）Never wonder where I am

（但）永不希望自己失落在某個地方

"Cause I am always by your side

因為我永遠站在你身邊（Repeat first chorus）"

—— / The Power of Love Andrea Bocelli /

（取自https://www.youtube.com/watch？

v=3seLuGoWCLg）

　　縈繞在腦中的歌曲，凸顯了舞台上小男孩捎來果陀消息時如機器人般聲調的「非人感」和聽者「驚恐」的感受。觀看「舞台劇」與閱讀「劇本」伴隨的感官差異，能否稱之爲「存在的意義」？「《等待果陀》完成於1948年，貝克特的妻子蘇珊娜拿著劇本遍訪出版社和劇場，直到1952年才問世，於1953年1月5日在巴黎巴比倫劇院（Theatre de Babylone）公開首演。」（廖玉如，2008）等待的過程裡，貝克特如何經驗「不知云」的心情並以此促進心理成長和發展？

成爲（＿＿＿＿＿＿＿人）的過程我們如何進行情感接觸並促進心理成長和發展？

　　「喬安：你想談談比昂在第一次世界大戰中的經歷嗎⋯⋯他被塑造且真的是一個戰爭英雄。雖然他總是對自己被塑造等等感到不舒服。但是你如何看待戰爭年代，對他的影響，以及它如何影響他的寫作和他的人？

　　詹姆斯：是的。你可以看到比昂在他的寫作中，使用

的一些意像是如何來自那些早期的創傷經歷⋯⋯無論是在他的童年時期，還是在第一次世界大戰中。這在《未來回憶錄》（Bion 1991）中尤為明顯。它寫得就像一部不同角色說不同台詞的戲劇，但顯然是比昂寫的。我認為這是他試圖通過描述不同角色之間，內部對話來說明心理生活，這些角色是自我的內部部分，偶爾對話，但更常見的是不和諧的錯誤溝通。

觀眾提問：我的理解是比昂是一位相當出色的水彩畫家⋯⋯我想知道他是否曾談到創作過程，如何影響分析過程。

詹姆斯：他在許多地方使用了畫家創作畫布的比喻，特別是在《關於轉換》的書中（Bion 1965, pp.1-6）。我不認為他寫的是他自己作為藝術家的經歷⋯⋯他當然覺得如果我們願意傾聽，美學家、神話學家和神學家有很多東西可以教給精神分析學家。」（Culbert-Koehn, 2011, p.87）

如果有機會讓比昂為自己辯護，他會這麼說：

「我一生都受到監禁、挫折、被常識、理性、記憶、欲望以及最大的包袱——理解和被理解所糾纏。《未來回憶錄》嘗試表達我的反叛，向那一切說再見。我的願望是（雖然我知道這終歸失敗）寫一本不受任何一丁點常識、

理性等等（如前述）所汙染的書。因此，雖然我寫（你們所有期待在這本書裡找到事實──科學美學或宗教的人，放棄吧！）但我無法宣稱自己成功了。恐怕，它們全都留下了痕跡、殘餘、鬼魂，藏在字裡行間中，甚至理性（如欣喜）也會悄悄走進。不論我的嘗試有多成功，本書永遠都有變得可被接受、尊敬、榮耀，但沒有人讀的風險。（那為何還寫？）你或許會問。為了防止空白的空間被某個知道的人填滿──然而我害怕自己現在是理智的，那偉大的人猿。祝大家有個愉快的瘋狂，以及相對論的核分裂……。」（周仁宇譯，Bion，1977，未來回憶錄，第三冊）

臨床記錄與小說是比昂轉向藝術家表達O的方式。「這是對終生經驗的小說化和戲劇化展現；充滿了許多角色，為他人格和思想的眾多面向發聲；同時，我們也在出場人物中看到我們自己。」（周仁宇譯，Francesca Bion, The Days of Our Years）或許創造力需要有一種形式表現出來，像是「成就語言」（Achievement Language），而因此能再被從外部窺見到內心，而內外雙向的溝通管道可以暢通。「在比昂的工作中，非常重要的一點是α元素的工作結果。根據他的概念，『心靈的物

79

質』經歷了決定性的轉變，以創造出夢想、夢想和神話的東西。弗洛伊德和比昂之間的區別可以從他們的基本假設中看出。弗洛伊德的模型理所當然地認為，孩子總是能夠在幻覺的願望實現中建立對乳房的概念。外來的、外在的、壞的都被驅逐了，被淨化的快樂自我實現了它對滋養乳房的幻想，這是心靈的創造。比昂從不同的角度出發，想要解釋精神病患者創造的失敗。對他（比昂）來說，幻覺願望的實現並非理所當然，因為經歷過毀滅的威脅或嬰兒害怕死亡。嬰兒無法輕易擺脫壞事，儘管有投射性認同，壞事仍在繼續迫害他。比昂排除了在沒有物體幫助的情況下從 β 元素到 α 元素的自發轉變。正是在這裡，母親的遐想能力代表了一個成年人的、成熟的頭腦的干預，孩子可以將這種頭腦內化，以改變他內心的破壞性體驗。」（蔡榮裕譯，Green，1998）或許對於治療師來說，精神分析的工作是將分析經驗轉化為詮釋，將一段混屯、模糊、有毒的元素透過具有遐想能力的治療師將其消化並餵養回給病人。

《誰是比昂》第一幕。傍晚時刻，鄉間小路上有一顆樹。A和B的對話指向即將落幕。小女孩捎來比昂的訊

息：「我得到一個概念，我可以理解它，但我不能描述
它。」

「A：前幾天你提到自己不是一個original painter。

B：是的

A：你覺得你的作品中有什麼是對精神分析的original contribution 嗎？

B：一個也沒有。

A：我覺得你的轉化理論很原創

B：一點也不

A：不？

B：不，事實上我一再說，如果你讀了那本書，你只有在覺得自己其實對那很熟悉時才真的有了解那本書。

A：是的，但這很令人困惑，因為連續幾個晚上在聽你演說時，我們有種矛盾的心情，同時非常非常熟悉但又非常非常意外……就像我們對自己很熟悉但又很不了解。聽你演說就像如此，像聽天方夜譚，永遠不知明天會聽到什麼。

B：是

A：我們都相當入迷，很可惜這沒能持續一千零一

夜……」（周仁宇譯，1978，Supervision A34）

　　從情感體驗出發是在閱讀文獻、觀看戲劇與嘗試和自己對話的起點。有著相似的感覺，明智也很感性的從戲劇出發，分享了觀後感和一種蒼涼和空無的感受。「比昂主張情感體驗（emotional experience）是心智的母體基質（matrix of the mind）的假設，而且這和沒有思考者的思想是很接近且這模式是從身體的活動裡得出來的。」（蔡榮裕譯，Green，1998）

　　出現重複產生的感覺、不斷聆聽同一首歌、流連忘返、不停地回憶與反覆提問，是「空」在那裡的一個消化心靈的動作等待凝結、落下、被命名，試問難以被有意識地觀察和思考的性質是否可形容像是無法被察覺的「進化」或「發展」的過程，也有「累加」、「複雜化」的變形樣態，而非滯留不停地眞空狀，是動態發展的？

　　「佛洛伊德（Sigmund Freud）的『超越快樂原則』探討人類重複行為的心理動機，而德勒茲（Gilles Deleuze）的『差異與重複』理論則是對於西方哲學和美學經驗（文學、繪畫、音樂、電影和戲劇）問題的探索。對於人類的重複行為，德勒茲認為在主體的重複行為中，若要見其意

義，則必須放在一個更龐大的客體來比較。這個客體顯示了時間的痕跡，也在時間中看到差異，而此差異卻是主體日復一日的重複行為所造成的。在主體重複行為中，每一個重複的動作，已顯露其差異內涵，而且都是指向一個巨大客體的差異性特質。例如最堅硬的大石頭，歷經水流重複沖刷，在數百萬年的地質層上，變成了鬆軟的流體。此力量顯示重複既自我強化（interiorizes）也顛倒自身（reverses itself）。自我強化則加強重複行為，顛倒自身則是在重複中顯示差異。康諾（Steven Conner）發揮德勒茲的觀點，認為藝術依賴各式各樣的重複，但永遠不會只是重複。例如普普畫家沃霍（Andy Warhol）聞名的《瑪麗蓮夢露》（Marilyn Monroe）和《可口可樂瓶》（Coca Cola）就是重複相同的影像，但在整體的畫面上，卻明顯見其不同。這種重複，事實上乃為了創造新穎，因為當大量的影像並排時，它就呈現另一種新的畫面，而非原來的影像，此現象和德勒茲談被侵蝕的百萬年石頭如出一轍。」（廖玉如，2015，p.180-181）

即使是雨水沖刷的動作，也會有石頭的存在。因為有了對象，存在轉化形成鏈接定義了關係，因為關係的存在，彼此有了連結。「果陀會來嗎？」因為果陀，映照了

83

流浪漢迪迪果果的存在。明智提到，等待果陀亦像是在治療室裡等待詮釋的過程。究竟是治療關係產生連結，還是詮釋連結了彼此？對象是實質存在的關係，還是抽象概念的「希望」，又或者還有一種「似是而非」的混沌（或是「混亂」）？想到一個持續晤談的個案，總是抱怨治療的緩慢，時常建議治療師應該怎麼改進，才會讓自己有所增益和「花錢花得值得」。另一方面，也同時表達對新的關係建立的恐懼，認為由他啟動的計畫必定會是個災難，說「開始的發生需要是隨機的。」

如何思考「開始」？

「從貝克特作品看來似乎更重視開始，甚至是過程，因為沒有真正的結束，每一個結束，就是新的開始，是生命的重生。就如男孩告訴流浪漢：『（果陀）今晚不會來，但是明天一定來。』流浪漢的存有是在可以開始的地方，這個開始乃指期待見到果陀的那一刻。康諾從佛洛伊德和德勒茲的理論，看到貝克特的重複哲學隱含的意義。康諾引用德勒茲的話以區別「習慣」與「回憶」：『習慣是時間的原始綜合體』（the original synthesis of time），它為正在消失的當下建構生命，回憶是在時間內的主要綜合

體（the fundamental synthesis in time），它讓這個當下消失。歸納來說重複行為乃將過去和現在的時間混合，既是建構也是消彌當下的生命，因此沒有真正的終結點，每一個結束都是新的開始。在心理治療工作中，個案的重複述說消抵了當下現實中的困難，而每一次準時來到治療診間即是希望的起點。」（廖玉如，2015，p.181）

如果說歷史發展中的必然，總是通過人物與事件的偶然出現，而人生亦然。人生及人類歷史的辯證法——既作為結果，又是前提。此時也想呼應溫尼考特提供的另一種觀察角度，以使用「文化經驗」來詮釋歷史傳承的規律--分離與結合。這又是另一個故事了。（參考Winnicott，1967）

參考資料：
貝克特著，廖玉如譯：《等待果陀‧終局》（臺北：聯經出版社，2008年）【Beckett（Author）; Liao, Yu-ru（Translator）, Waiting for Godot & Endgame（Taipei: Linking Publishing, 2001）】

廖玉如：〈重複與差異的等待——《等待果陀》、《進城》、《車站》之主題研究〉，《國文學報》第58期（2015年），頁167~190。【Liao, Yu-ru, "The Waiting of Repetition and Difference——The Theme Research of "Waiting for Gotuo", "Into the City" and "Station"", Bulletin of Chinese, 58(2015), p.167-190】

Culbert-Koehn, J. (2011) An Analysis with Bion: An Interview with James Gooch. Journal of Analytical Psychology, 56(1): 76-91.

Francesca Bion, The Days of Our Years

Green, A. (1998). The primordial mind and the work of the negative. Int. J. Psycho-Anal., 79: 649-665.

Michael Eigen (1981). The Area of Faith in Winnicott, Lacan and Bion. IJPA, 62:413－433

Wilfred Bion (1978), Supervision A34, previously unpublished In The W.R. BionTradition: Lines of Development－Evolution of Theory and Practice over the Decades

Wilfred Bion (1976). Evidence. CWB X:131

Wilfred Bion (1977). A Memoir of the Future. Book 3: The Dawn of Oblivion. CWB XIV, 138

Winnicott, D. W. (1967). The Location of Cultural Experience. Int. J. Psycho-Anal., 48: 368-372.

葉曉菁

諮商心理師

臺灣精神分析學會會員

臺灣諮商心理學會認證督導（完訓）

大專專任心理師

私人執業

《等待果陀》就是餘生：
搞不懂貝克特，沒關係

陳瑞君

Mahon, E. (1999) Yesterday's Silence/ An Irreverent Invocation of Beckett's Analysis with Bion.

這是一篇想像的文章，是二幕劇，假設Bion和Beckett如果在舞台上，他們會說些什麼對話的劇場場景。建議此篇文章的對話內容，以第一幕第一景為主（第一幕第二景由下午的第二場來申論），和《等待果陀》相互聯想，讓想像的戲碼和《等待果陀》交織上場，再夾雜一些在假想的二幕劇裡，提到的對於比昂論點，加以說明延伸，以對話形式來呈現，他們兩人是怎樣的人，以及有些什麼想法？

序曲：等待的「虛詞」是重要的

當我們說「A等待B」的句型時，等待的「內容」是原先預設的對象，B會變成關鍵人物，B的存在給予A等

待的一切理由。然而等不到缺席的核心人物而只剩無盡的「A等待」時，等待已變成了全劇的聚光燈，成為一個懸置可被觀察的空間。「果陀」這個受詞還是重要的嗎？這一場「等待果陀」，直接逼視以「等待」為主題的心靈視角的一場劇。雖然果陀作為受詞有其詞性及文法上的定義，但人如何處理心理感覺上的「虛詞」，此虛詞卻如同「使役動詞」般的感覺，自帶一股驅使的力量、洋溢著情感性及驅策性質的重要虛詞，也如同當年「客體」的定義，當客體是受詞及從缺的虛詞時，在心理上也都有占有一個位置及空間，即使我們也在荒蕪間荒唐的等了一輩子。

　　迪迪及果果努力了五十年撐著運轉及場構著以等待為主題的人生場佈，日以繼夜不放棄按下Play鍵開始著24小時的輪番播映的二輪片還是N輪片，不論今天或明天上映的都是「等待果陀」的劇碼，當那句老話「我們在等待果陀」一出，此劇便在觀眾面前展演著一齣又一齣不同的等待法。這樣的劇情大約會讓觀眾不耐，一來因為人類本不擅長等待，等待像是被次級化、被拋卻、被控制、對不確定性（uncertainty）需要忍耐，這涉及到治療中負的能力（The Negative Capacity）的重要性。再者，此劇

在荒唐中帶有潛在的驚悚性，迪迪果果也是不少人花了一輩子的寫照，似乎也憂懼著果陀是內在機制下自欺的錯覺倒影。

在歷史上貝克特在1953年起將「等待果陀」搬上舞台後，引發的討論多是追問那位可以讓迪迪和果果懷抱著期待度日，日復一日的花了泰半的人生等待著的、缺席的果陀究竟是何方神聖？似乎知道果陀是誰，能夠解開世紀的大謎團及解決人生荒謬的困局。此外，哲學思考上也聚焦在再現人性荒謬、存在虛無及徒勞感的議題上多有討論。本文期待基於「無法理解」的困惑發想，來試想關於內在慾望在精神現實與歷史錯覺的幻滅化、失落創傷或客體使用的觀點來延伸。以下以等待為序曲的三組人馬，是來自不同小說或文獻的素材，乘著小說家筆下的故事風帆，嘗試以精神分析中的幾個理論觀點與之相遇。

第一組等待者：論錯覺的相對論

在第一個主題是以「等待果陀」的迪迪與果果為主，此劇的場景設置在第一幕中寫著：「鄉村小路。一棵樹。傍晚。」這沉默至極的外在世界的設置一鏡到底，迪迪果

果內在世界中對「等待果陀」的到來有至死不渝的信念，他們一等就等了半個世紀，從未離開「鄉村小路。一棵樹。」這個場景，變動的只有日月星辰與寂寥的新葉，此外，如荒漠般空無。

兩人每日間總能激起一來一往的喧囂，偶有柔情至性的對白，兩人各串起這五十年的等待。迪迪與果果的對話或許給世人留下的第一印象即是荒謬，在劇中的果果，不只一次問起迪迪，我們「現在要做什麼」？但只消迪迪一句：「我們要等待『果陀』」，就足以打消一切的疑慮，召回兩人到等待的正軌上，不論他們做什麼，重點都在於兩件事情，一件事是具體物的填塞，再來是抽象力的抹除。

填塞的劇情在於迪迪果果反覆的動作、打諢插科的綿長對話、洗白的美好回憶，都作為抹除時間的重量、思想的滲入、關係的親近的任何可能性。或許我們很容易以Bion1959年發表的〈Attacks on Linking〉的文章，來坐實迪迪與果果無法發展思考器官與能力的障礙。例如，在劇中不只一次，果果想跟迪迪分享夢或故事，但得到的都是被迪迪斷然拒絕。就精神分析的角度而言，夢不受限於時空且具有某種自由且乖離於現實的力量，通往潛意識

中的本能驅力、嬰兒式幻想與原始慾力的精神現實層次。這些關乎果果個人敘事的現身當中的精神體現，因受迪迪連結的斥拒，其個人史無法與時俱進地更迭與演化，因而無法在情感經驗中被一再經驗與認識。在《等待果陀》劇本中（p.15、p16）的一段對話為例：

維拉迪米爾：（無精打采）好。（艾斯特崗坐在小土坡上。維拉迪米爾焦慮不安地來回踱步，時而停下來注視前方。艾斯特崗打盹。維拉迪米爾在爾斯特崗的前面。）果果！……果果……果果！

（艾斯特崗猛然驚醒。）

艾斯特崗：（仍有些驚恐。）我睡覺了。（絕望的表情。）為什麼你從來不讓我睡呢？

維拉迪米爾：我很寂寞。

艾斯特崗：我做了夢。

維拉迪米爾：我不要聽。

艾斯特崗：我夢到——

維拉迪米爾：我一不一要一聽。

艾斯特崗：（指向宇宙。）對你來說這個就夠了嗎？

（沉默）你很差勁，迪迪。如果我不能跟你說，我向誰說那些私密的夢魘？

維拉迪米爾：你自己留著吧！你知道我受不了的。

艾斯特崗：（冷漠地。）有時候我懷疑我們是不是最好分手。

維拉迪米爾：你走不遠的。

艾斯特崗：那就太糟了，真的太糟了。（停頓。）那不就很糟嗎？迪迪？（停頓。）當你想到這一路上的美景。（停頓。）還有同伴的善良。（停頓，巴結地。）難道不是嗎？迪迪。

維拉迪米爾：冷靜點。

艾斯特崗：（耽溺地。）冷靜……冷靜……英國人說「攏靜」（停頓。）你知道那個英國人逛妓女戶的故事吧！

維拉迪米爾：知道。

艾斯特崗：說來聽聽。

維拉迪米爾：噢！住口。

艾斯特崗：有一個喝的比平常還醉的英國人……（以下省略）

維拉迪米爾：住口！

（取自：廖玉如譯，聯經出版社。以下皆同版本，不再另行註明。）

　　果果似乎只不過想要提起「夢」及妓女戶的「故事」，或許我們看不出來這些想要說出口的自由連結哪裡具有殺傷力，但迪迪的斷尾求生反應就像是果果所做的是在對他公然挑釁及暴行攻擊。對於這些無法容忍的反應，似乎反應了迪迪個人心智上精神病性的部分（psychotic part），也無法容忍人類心類複雜或矛盾的能力。Bion在1967年提到人格中的精神病部分，是將心智大量接收進來的訊息及感官資料，透過大量的投射及分裂機制來排空。迪迪在關係中所提供的「攝入」上展現了過多餵養性的恐懼，無法攝入就無法感受及學習，這裡是精神病的部分的貯藏所。果果只是想要提起夢、記憶或情感的部分，就像是激發了迪迪早年關係中的困獸之鬥，混亂及沒有其餘思考空間的暴行像是殺豬刀的復生，此刻的迪迪就像是在充滿迫害的偏執心理位置間逃亡與喘息。

　　即便如此，每當迪迪告訴果果一句：「我們要等待『果陀』」時，所有的混亂及不安又能夠暫時性地乖順下來，果果開始能睡，雖然睡完就忘，解離伴隨著功能退

93

行，似乎失去意義性使其無法記得，迪迪則能能趁著反芻「我在等待果陀」的宣言反覆安撫自身要崩解的焦慮。因而我們是否能夠反過來說，說若他們不靠著一個又一個不確定的等待，那會是多麼難以容忍的不安及滑落？或許他們要等待的不是果陀，而是需要相信，因爲這個信念能幫助他們撐過一次又一次的滑落及崩盤。在治療情境中，治療者面對不少困難個案也有因爲早年人生發生斷層而不斷在滑落的個案，對治療者而言要有多少負的能力來容受處在險滑坡爲了存活而掙扎的個案？

莫不如此，迪迪看似執拗的執掌著「等待果陀」的信念或許多少可以被常人理解。對迪迪與果果來說，等待果陀的重量已不能只是信念了，而需要它是如宗教般的信仰。佛洛依德在《一個錯覺的未來》《The Future of an Illusion》一書的看法談到對宗教的看法：

「觀察一下你（指宗教家）對錯覺（ILLUSION）的態度和我的不同。你必須竭盡全力及所可能的捍衛宗教錯覺。如果它變得名譽掃地，而且對它的威脅確實足夠大，那麼你的世界就會崩潰。除了留下對文明和人類的未來的一切感到絕望之外，你什麼都沒有了。但從那束縛中，我，我們，獲得了自由。既然我們已經準備好要放棄大部

分嬰兒式的願望（infantile wishes），那麼我們也能忍受如果我們的一些期望原來是錯覺。」（1927, p.54）」

凡是要意識到表面和裡面、確認和懷疑、顯夢和隱夢、言下之意和弦外之音、驚悚和駭然等，都意味著情緒經驗得被經歷一再被攪動與翻新，也都能思考駐留在這些無可確知的痛苦胡同裡，因爲無法讓客體在精神層次活起來，過多精神上的活化及刺激無法承擔過多的分裂與投射。迪迪與果果心智上在防衛什麼、保護什麼、或屏障什麼或他們的痛苦是什麼呢？在劇中對此無太多的劇情上交待。

但想到另一部不忍卒視的電影——是枝裕和的《無人知曉的夏日清晨》裡，一個存在方式極不穩定及情感經驗極度碎破的單親媽媽，劇中的媽媽從一開始偶而還會回家，到留下一點錢久久才回來一次，到最終因別的男人而拋棄了四個獨自在家無人看顧且在等候媽媽歸來的幼子。劇中寫實的描述四個小孩原本來還多少對媽媽的歸來有所期盼，還可以在家過著有期待及想像的生活，例如去上學。但隨著等待的時間愈來愈長，長到每個孩子不知道是否還要等下去，只是京子（長女）會到衣櫥去聞觸媽媽的衣服來等，喜歡畫畫的小雪到幾乎用盡蠟筆了還等著，最

後等了好長的一段時間，等不到媽媽的歸來的他們，痛苦的讓觀眾無法想像孩子們要如何承受在現實的催逼下要去面對被拋下的生死。

影片畫面中的小孩在生活上及外表上都逐漸呈現了一種失序感及恍惚感，沒有重心也沒有力量、只有四個小孩孤獨的彼此照顧及絕望的等待，此外他們無法做什麼也無法言說、生活及希望任其墜落。家裡在錢用盡了之後，原先還可以照顧、安撫及為其他弟妹編織希望的12歲的大哥，面對到孤立無援的終局也不知道還能怎麼辦還好，因為被斷水斷電，他們被迫連吃都成問題且只能到公園去洗澡、身上骯髒及破舊的衣服及如蚱蜢般的過長的頭髮、家中成堆的垃圾與混亂……劇中大哥及下面更小的幾個手足無人照顧的模樣，也像是迪迪果果縮小版的流浪漢，而且一樣在等待，保持宗教錯覺般信仰的等待著媽媽的歸來，而且他們跟迪迪果果一樣也不會離開。他們用盡所有方式在過等待的生活，是生還是死、孤寂及死亡感都在每天的等待當中度過。

在劇中寫實的透過小孩的視角殘酷地描述了等待所帶來無以名之的痛苦驚懼，而觀眾只能被動的經驗、無法言語也做不了什麼。如此的意象若使用在更早期母嬰關係中

等待或被拋擲的場景，的確是更清楚的讓人著陸到原始心智中在存亡時，難以言喻的痛苦掙扎。沒有母親在場的時候，什麼事情都可能發生，而等待是一件錐心及可怕心理狀態，或許也多少能想像迪迪和果果在劇中精神病性的部分，為什麼有些事情如此不容提起。

第二組等待者：橫跨子宮和墳墓的兩個黑匣子

我們練習從另一個觀點來看。若以植物學中的概念來比擬，深居高山處不受人為影響的原生植披，供作繁衍動植物、人類及土壤等生態系統的命脈棲息地。人類原始的情感及意念亦像是片原始林，攀附於其上可發展出「思考」及「語言」的生態系統，當然這需要有如植物上氣孔等可與外界交換水和氣體的關鍵器官。Bion說K（知識）是一種基於情感經驗上的聯繫（linking）的瞭解，冒著一種與人建立情感連結及情感體驗的風險與信心，它是屬於愛（L）－恨（H）的投入或撤離的活動範疇，而不只是語意上或智力上的理解。所以K也是促進思考發展的重要的基底。

人類心智器官亦是處理內外在經驗間與精神心智內

的交換，只是思考能力並非予生俱來。Bion在發展其思考理論時，是始於嬰兒早期在生理需求下被滿足與否時刻間的情感經驗，奠基於假設一個心身乳房（psycho-somatic）的存在，這是嬰兒在應對需求及感受的心身消化道。這個心身的消化道在Bion的說法是：「這乳房是一個客體，嬰兒需要它供應乳汁及好的內在客體，我不認為嬰兒可覺察到此一需求，但我的確認為嬰兒可覺察到有一個沒有滿足的需求。如果我們要假設有些心理裝置可讓嬰兒經驗到挫折，那麼我們就可以說嬰兒可以感受到挫折。」（Bion，劉時寧譯，從經驗中學習，p.40）

每當要觸及個人感受性的對話時刻，迪迪似乎在防衛些不讓意識上觸及的禁地便總是腰斬感受性的蔓延，上述對話中的迪迪，受不了果果總是想說夢、想問故事、想說心情、想提慾望，這些涉及到人際間內外在經驗的交流及意義性交織的開放時刻，總是痛苦地及時止住果果繼續說下去，讓兩人之間關係走向更深的連結勢必也要讓迪迪願意走向自己。感受到挫折的兩人，便開始輪流轉動了對話的方向盤讓等待果陀的希望帶著他們走，雖然兩人相伴了半載，在某些層次上兩個黑匣子常常經驗到寂寞。至於在光照不進來的地方，要怎麼認識這兩個世界？

在參考文獻《Yesterday's Silence-An Irreverent Invocation of Beckett's Analysis with Bion》（1999）一文中，作者Mahon虛擬了兩場Bion與Beckett在分析情境中的對話練習，對於這個大膽之作《昨日的沉默》，作者承擔著或許有些不敬或被指控的風險，但若能藉以援取一些思考上的激盪與共鳴，亦能帶來重要的價值。在第一場想像的對話中，想像中Beckett用「兩盒黑暗」來形容他與Bion（p.1384-1385）：

時間：倫敦1934年。場景只有躺椅和椅子，貝克特躺在躺椅上，比昂坐在他後方。

貝克特：昨天的沉默。它持續了多長時間？

比昂：（無回應）

貝克特：狗屎。問一個問題。如果我與我的沉默再與你的相配，我們之間不會有任何東西，只有永遠的沉默。

比昂：嗯。

貝克特：嗯！這就是我得到的一切。這就是我所得到的一切。

比昂：（沉默）

貝克特：昨天的沉默。它持續了多長時間？

比昂：（沉默）

貝克特：你忽略了我，好像你認為時間不重要。它持續了多長時間是關於時間的，一個時間問題，該死的。沒有時間，光速就無法確定。科學和時間是相互依存的。科學設置了這個驚人的實驗：兩個黑匣子，光在它們之間傳遞。你和我在一起嗎？

比昂：（沉默）

（……以下省略一下段對話）

貝克特：回到匣子裡。正如我所說，科學建立了這個驚人的實驗。兩個黑匣子，光線在它們之間經過。想像一下波的運動，光的分子。時間也在盒子之間流逝，因此您可以測量光速。想像。我們存在的整個相對性橫跨在兩個黑暗盒子之間。

比昂：我們的生活橫跨子宮和墳墓，你的意思是：兩盒黑暗？

貝克特：我還沒想那麼多。為什麼要在你試穿之前，就要透過拉扯最後一根線頭來破壞每一件符號學的服裝呢？我敢打賭你一定是個受歡迎的孩子，在你該死的人生玩笑還沒開始之前，你的幽默中充滿

了絞刑架。就是子宮和墳墓。兩盒黑暗。盒子之間的光呢？他們測量的是光明，混蛋，不是黑暗。

比昂：你忽略了讓你開啟所有思考線的沉默。

　　上述的比喻，有意思的是「跨在子宮和墳墓的兩盒黑暗之間」的——通常我們叫做一輩子。迪迪跟果果處在「鄉村小路。一棵樹。傍晚。」的沉默場景下等待，用你一言我一語的方式來過一輩子。在兩盒黑暗間的迪迪果果存在的那道光叫做「因為要等待果陀」，兩人之間墳塞反覆的耍寶逗趣或扞格安撫的互動，跨在子宮和墳墓之間的迪迪跟果果相互依存，兩人在等待中彼此增添柴火，點亮了兩盒黑匣子之間各自微弱的明亮，每一天的他們都在研究著光如何在他們黑匣子之間傳遞。

　　此時，想起Beckett的老師James Joyce在《芬尼根守靈夜》（Finnegans Wake）一書中描述的場景是從一個守靈夜開始，從死亡場景開始的筆墨本應沉靜及等待，但Joyce從未如此打算讓文字傳遞安靜或讓亡者安息，篇幅中舉目所及的便是滿盈本身不帶意義的狀聲詞反覆堆疊在快速句子的排版間，冷不防地偷襲且強迫著讀者的感官

開始幻聽到落落長的文字大作聲響、大發雷霆，彷彿裡面有上百個人或物或蟲以上的聲音同時發聲，每一個文字化身為一張嘴、幾聲鳴叫、雙句腹語、摩拳擦掌、機器扭轉、振翅拍膀、滿堂嬉鬧哄笑……書中雜沓著日常多聲道的收音採集，讀者的感官被驅使在文字之間勞碌的奔走不及繞在Finnegan曾經存在或甚至無關的渣滓咆哮，似乎Joyce強烈的反映著無人的一生是安生立命的，人生是吵雜的、紛亂的、脫序的、難以有頭緒或難以思考的狀聲情境，傾耳細聞會聽到人生是如流寇般亂竄震耳欲聾的能量。

　　而這是James Joyce筆下從墳墓到子宮從喪鐘到心胎音之間的所有闖入的躁音，或許你從來不只是你，少數的時候你是主key，但大部分時候的你，是你一輩子所及之處的所有參與者旁觀者或大環境的無差別性的收音，你也是大環境的躁音之一。你並沒有權力選擇消音抗躁，反而你是被環境小蜜蜂收音系統大範圍的採集，你認為是主流的時候其實大部分很邊緣，人生很忙亂，所謂的語境中是掩耳盜鈴才有的藩籬。而這唯一讓你聽到的情境，是降臨在你自己的守靈夜，此時的你才開始沉默安靜下來，人生背景音與主題樂此刻群起飛舞的爭相走告，仍在你耳邊的

空氣中嗡嗡盤旋不去，還對著不容閉目的你採集著死亡的微弱聲息。

回到Bion與Beckett，他們也在只有躺椅跟椅子的沉默的場景，Bion方式是用更沉默的方式讓Beckett開啟思考線感受從子宮和墳墓之間一輩子，而這會經驗到什麼？不同於迪迪與果果的「好乳房失蹤記」，Beckett的對於漠不作聲的Bion，視為「不在場的壞乳房」。這是Bion奠基於Melanie Klein的觀點發展的思考理論，在嬰兒在飢餓的生理需求警鈴大作時，此時缺席的乳房則相當於「不在場的壞乳房」，若只以需求論為言，透過攝入乳汁而飽足的經驗，將作為把壞乳房的排除的身心理意涵。

「為了與Freud和Klein的觀點一致，Bion認為思考是一種處理缺席、裂口、缺乏某種東西——事物之間的空間——的方法。Bion認為我們有前概念（preconceptions）—『空洞的想法』（empty thoughts）或與生俱來的期望—當或與生俱來的期望—當與實現（realization）（消極或積極）相結合時，形成一種概念（conception）；固定的概念（fixed conceptions）成為可被使用於思考時的概念或想法（concepts or thoughts）。例如，在Bion的模型中，我們對與母親的臉和身體的同頻的結合的有一種與生俱來的期

望，如果結合的經驗被積極實現，就會導致能夠忍受在沒有母親情況下的挫折感（一種消極的實現）。對於Bion來說，一個想法（a thought）是前概念與涉及挫折感消極實現的配對；因此，思考的能力取決於隨著時間的推移，足夠良好的經驗實現了，以使嬰兒能夠容忍消極實現。如果對『乳房』的期望與『沒有乳房』配對時，嬰兒可以忍受那個空白空間的挫敗感，沒有乳房的想法會充滿了空白，思考的器官也發展了，思考者思考了這些想法。」（Stevens, 2005, p.616）

第三組等待者：《沙丘之女》仁木順平〈希望之鴉〉的等待

　　安部公房的《沙丘之女》作品述說的是一個逃亡者暗無天日的在沙底下的深淵等待。仁木順平為追捕充滿誘惑的虎甲蟲，落難荒漠七年，與其說落入算計他的小人之手，不如說他也是個心懷獵物之人，幾次的逃亡讓仁木順平一再在痛苦及絕望的邊緣裡搏鬥，數年下來在希望與放棄希望之間承受情緒及意志百轉千迴的受虐，是要作無盡的搏鬥還是自我的投降？

「真要細想起來，根本沒法指望什麼時候還會出現什麼樣的逃脫機會。就這樣茫然地空等下去，終日窩在小屋裡直到寒冬季節結束，到時候就算可以走出門外，說不定自己的眼睛也早已無法適應那刺眼的陽光了。俗話說叫花子當三天，快快賽神仙……這種由內心開始的腐蝕，恐怕會以超乎想像的速度將人的原氣消磨殆盡……」（摘自《沙丘之女》，吳季倫譯，p.227）

仁木順平心理上受不了這場自己遭逢的「意外」，一下子被生命隨意如渣滓般的判刑，他像個要替自己爭取公道的家屬，卽使被沙丘上的強權無理的扣押於此，他努力與之交涉，歷經談判破裂、逃亡失敗、被捕回沙坑裡、受盡嘲諷的他，身心理上逃離不了強權鐵幕的魔掌，折損著在他人眼中狗屁般的自由人權個人意志，愈要這般的展現愈會被經驗到恃強凌弱，仁木順平的生命沾惹上了魔鬼！愈要意志倖存愈得要佯裝順應，狗娘養的意志是孤單及風雨飄搖間唯一可能長大的途徑，而這是坐如針氈的等待。

如同《沙丘之女》描述著仁木順平在此等待間難以忍耐的心神不寧，幾乎像是一幅《孤獨地獄》名畫中那些「追尋幻影而得不到滿足飢渴」的死者，像是上癮者發作的焦躁不安，作者安部公房如此形容：

「單有心臟的搏動還無法安心，得去咬指甲；單有腦波的頻率還無法滿足，得去抽菸；單有性交還不夠充實，得去抖二郎腿。呼吸、步行、內臟蠕動、每天的時間分配、每七天一次的星期日、每四個月一次的期末考，這一切不僅無法讓他安心，反而迫使他去嘗試新的重複。不久，他的菸量與日遽增，還做了與指甲縫滿是汙垢的女人到處尋找隱密之處的惡夢，使他盜汗連連。」（沙丘之女，同上，p.226）

精神上瀕臨身心崩潰的仁木順平，陪伴在側的沙丘之女從不多語，待之以家務繁忙間的日常照顧，卻像是同時扮演仁木順平的客體母親與環境母親的內外在客體，在家務間安靜的穿梭及實質的存在，有某一程度的精神獨立所以情感收斂且從不喧囂，用行動來寬慰仁木順平逃亡失敗後精神上幾近死亡的空洞。如果說迪迪果果的等待是從「主詞」到「虛詞」的路程；仁木順平的等待中少不了要遲凌他意志的惡質環境，什麼讓他從徒勞奔走的「虛詞」走向「主詞」的誕生？

「自從逃亡失敗以後，男人變得格外謹慎。他把沙坑裡的生活當成冬眠來適應，全心全意讓村民解除對他的戒備。據說重複相同的圖形就是最好的何護色。只要融入這

種一再重複的單調生活，或許有一天自己會從他們的意識中消失。」（沙丘之女，同上，p.224）

　　仁木順平他似乎想以重複來對抗重複，他開始參與例行的家務活動，像是鍛鍊一種精神復健的療法，每天重複地在行動中偷偷地在心裡與昨日的自己觀望與相遇，來對抗他被動的只是重複的剷沙中把自己的精神意志也剷掉了。甚至，他還考察了蜘蛛與蛾的趨光性的定律因後天因素，「由人工照明引發的盲目而狂熱的拍翅……」他想起了那個見獵心喜追拿虎甲蟲而落入陷阱的自己。他從後院中名為《希望》的捕鴉設計，在重複中打撈出另一個自己？

　　「……烏鴉這種鳥類，由於經常流連在人類的生活環境裡，啄食人類的垃圾，因此警覺性特別高。既然如此，只有和牠比較耐性了。就讓這個沙坑裡的爛魚，徹底在烏鴉的意識裡重複……忍耐不代表失敗……唯有認為忍耐就是失敗的時候，才是真正的走向了失敗。本來，把這個陷阱取名為『希望』也是基於這層含意。」（沙丘之女，同上，p.232）

　　身陷在荒漠中仁木順平的等待，並不同於迪迪果果心陷在荒漠中的等待，等待有所時間差便造成很大的歧異。

若以Winnicott描述嬰孩在錯覺與幻滅之間關鍵的影響了孩子客體使用的能力、玩遊戲表徵的能力、或承擔失去的能力、分離斷奶的意義。Winnicott在《遊戲與現實》（p.160）一書中指出，「母親存在的感覺在小寶寶心中可以持續x分鐘；假如母親離開的時間超過x分鐘，那麼這個『心象』就會消失，小寶寶使用結合象徵的能力也會跟著停止。小寶寶會感到苦惱，可是這個煩惱很快就會得到改善，因為母親在x+y分鐘後回來了。在x+y分鐘裡，小寶寶還沒有改變，可是在x+y+z分鐘裡，小寶寶的心理就受到創傷了。在x+y+z分鐘裡，母親就算是回來了，也無法彌補小寶寶已經改變的狀態。這創傷暗示：小寶寶的生活持續性已經中斷，所以原來的防禦如今又重組，來防禦一個重複發生的『不可思議的焦慮』；或是抗拒回復到屬於初期自我結構崩離（disintegration）的嚴重混亂狀態。」

迪迪果果等待回不來的甘泉，仁木順平創造甘泉；迪迪果果在生存連續性中斷的恐懼中等待著當年被剝奪的x+y+z的客體，為防止崩解他們自動上了心鎖像是無形的牢籠，在牢籠內進行每日「等待果陀」的精神號召是期待好乳房時必須進行的感化教育，他們脆弱且悲傷，唯有用兩人之間綿長的話語維繫相依，靠著渺茫的「等待」與這

個世界微弱連線。他們處在鄉間小路，意喻是「世界的中心」但是也失去所有存在的重心，他們被有如在夏日清晨被母親沒有告知的遺棄了，片中的小孩沒有上過學且被訓練著與外界隔絕，然後除了相依著等待及面臨生活的困難，此外此生哪裡也去不了，迪迪果果在等著的是個原初那個好客體的回返嗎？他們一樣在原地形影不離等到衣衫襤褸混身發臭鞋子穿不下了，不時難過地想到要以上吊結束此生會比較好？還是分手比較好？然而死亡後的那裡又是個哪裡？與此同時，他們還是只能留下來靠著等待來維繫著微涼的世界，這是關於等待的殘酷與創傷的故事。

　　仁木順平的故事版本不同，他只能等待x分鐘，沙丘之女是x+y的存在。他從身陷囹圄也像是加入一場沙場開戰，開始好好的為求生掙扎。沙子是整個村子的天敵，村民為求生無止盡地勞動鏟沙避免連番滅頂，仁木順平也如同Bion當年的處境般地邊埋首「前線的生存戰」之外，還發展出「後勤補給站」維持著創意活力的可能性。Bion在他的自傳文章〈The Long Weekend〉中，回憶起從他19歲時參與第一次世界大站時的坦克部隊，他目睹許多同袍戰友在眼前因砲彈喪命、腦漿爆流、斷肢爆頭的災難，他在極驚懼的屠殺狀況之下，還在可能的範圍內

觀察思考人的原始心智狀態及事物本質的斷離。仁木順平與Bion無獨有偶的都有沙場前線的驚懼要承受，同時也會回到後方壕溝處尋找「後勤補補站」的空間供思考來紮營，在不明確的的亂世間容許混亂挫敗，在災難壓力之餘還能觀察與思考前線已碎裂殆盡的地表，以抵制敵方意圖入侵的思想改造或武力襲擊，不論這是外在現實或內在想像表徵的。

在安部公房的描述裡，仁木順平的思考與感受也經常在這樣的前線與後備之間穿往，在逃亡失敗後的一日，沮喪及悲悽的心情跌宕又帶有點偶有的幽默，他想著：

> 「忽然間，他心頭出了黎明的悲傷色彩…互相舔舐傷口，也不算壞吧。不過，假如永遠互相舔舐著永遠無法癒合的傷口，到最後難道舌頭不會磨到沒有嗎？」（沙丘之女，同上，p.221）

又在偶然間，仁木順平從廢紙商發配過來的一本封面破損的漫畫，他居然看到「笑到打滾、猛搥米、前仰後合，險些要胃痙攣」（P.227）。下一刻的他，卻意識到自己在這樣的處境下還可以為一本不怎麼樣的東西笑到人仰馬翻，頓時間的他被強烈的悲哀及羞恥感突襲，他告訴自己說：

「就算是順應時勢，也得拿捏分寸，那充其量只是手段，而不是目的。說什麼把這當作冬眠，不過是場面話，只希望別真成了鼴鼠，一輩子再也不打算見到陽光了。」（沙丘之女，同上，p.227）

仁木順平在沙丘之女x+y的保佑下，或許還可以在精神上頑強的苟活著，即使等待中有時候帶有那麼一點扭曲、一點詼諧、一掬眼淚、一束希望、一桶酸楚……，但最終他是靠著後勤思考的補給站，創造地拿到了進出荒漠的來回票，而迪迪果果則只手持著等待目送去往迎來的月台票，站在原地等待。

參考資料：
Bion, W. R.（1967）. Second thoughts. London, UK: Karnac.

Bion, W. R.（1982）. The Long Weekend: 1897-1919（Part of a Life）, F. Bion（Ed.）. London: Karnac.
Freud, S.（1927）. The Future of an Illusion. Standard Edition, 21:5-56.

Mahon, E.（1999）Yesterday's Silence/ An Irreverent Invocation of Beckett's Analysis with Bion.

Stevens, V.（2005）Nothingness, Nothing, and Nothing in the Work of Wilfred Bion and in Samuel Beckett's Murphy. Psychoanalytic Review 92:607-635

Bion, W. R.（2006）。從經驗中學習（劉時寧譯）。五南。（原著出版於1962年）

Beckett, Samuel.（2008）。等待果陀‧終局（廖玉如譯注）。聯經。

James Joyce.（2017）。芬尼根守靈：墜生夢始記（梁孫傑譯）。書林。

安部公房.（2016）。沙丘之女（吳季倫譯）。聯經。（原著出版於1962年）

Winnicott, D. W.（2009）。遊戲與現實（朱恩伶譯）。心靈工坊。（原著出版於1971年）

陳瑞君

諮商心理師

《過渡空間》心理諮商所所長

臺灣精神分析學會會員

臺灣醫療人類學學會會員

臺灣精神分析學會推薦精神分析取向心理治療師

臺灣精神分析學會《台北》心理治療入門課程召集人

松德院區《思想起心理治療中心》心理治療督導

國立臺灣師範大學教育心理與諮商所博士班研究生

等待與思考

與談人：李芝綺

　　瑞君從等待者的被拋卻感、無力感、不確定的忍耐談起，如同迪迪果果，他們在重覆的時間、場景的一再驗證下，最後似乎發現了掩蓋不住的事實真相，始從自欺的錯覺裡出生（面對現實本就是靜默的？沒有才是最真實的？）。這過程彷如艱辛的治療或孕產過程，不禁想到貝克特和比昂兩人的分析關係，要走到讓彼此能有所連結、思考與創作，其實是歷經了炮聲隆隆的不斷轟炸，然後，也許更重要的，是能餘留下生命！也讓我們驚覺到兩人共同提及的虛無感、空無或缺乏，並非死寂般的靜默，而是在不能生也不能死的痛苦中，仍有強大的力比多在其中，且充滿了生之本能與死之本能的交纏。

　　先來講講等待與思考這兩件事的關聯，等待本來似乎是件苦差事，是原始的本我不想做的事，是大人要求小孩應該學習控制的事，像我們常會說「你要先想一想啊」、「三思而後行」、「媽媽在忙，你不能先等等嗎？」，就隱含著等待的空缺需要先自我調節，或得要自己思考什麼

來撐過去，或撐得過去才得以獲得渴望的結果。因此看到比昂說「所謂思考之活動，原本是一種讓精神免於負擔刺激增生的程序」，我們可能會感到很困惑與矛盾，這應該不是簡單的因果關係或像是一種要求或優越感——譬如「若具備思考能力就能讓精神免於負擔了」而已，自以為懂了就成了比昂的「一K」，是一種誤解或抗拒理解；反而是得需要「K聯結」，來幫助我們在未知中能夠連結情緒經驗與意義而不落入孤寂或自戀的武斷，K（知識）是呈現自我消化後的象徵關係，而非表達我已知一切的能力與掌控。因此，其中的阿爾發功能與因素等，能讓我們面臨挫折時不用逃避挫折，而是選擇修飾挫折；亦即能夠運用理解以思考挫折，而非排空挫折，就像自我在豐厚的支撐與底氣下，不致感覺貧瘠與恐懼、空乏而一無所有。如此在K聯結中，個體不用靠自己長大與學習等待；在K聯結中，個案方能投射恐懼給客體，藉由客體的涵容，再內射回自己，成為人格中可忍受的、可刺激成長的一部分。（末句改寫自《從經驗中學習》一書）

　　所以若沒有好客體罩著自我長大，那就像迪迪果果般，等待可能不是一種執念，自欺更像是一種習慣的安全感，那麼不要打破慣性或翻牌探尋真相，或許人會活得更

篤定、安定。亦卽選擇把自主權或自我交出去，是自我選擇了被超我（"super" ego?）虐待的被動位置。爲何寧願自欺也不要思考呢？讓我們想像一下在嬰幼兒般全然無助的階段，過早的要求思考就像是丟下小孩一個人，當其內在運作無法凝聚時，就是孤單無依，這時情緒經驗連結到的就是失去和恐怖。這時候，個案會覺得要思考就等同於被拒絕（自己和治療師分開了，治療師和其思考配對在一起），而小嬰兒被拒絕或不被懂得需要時，甚至感覺客體的心中並沒有想要給自己想要的，也就等同於對己生命的否定、世界的滅絕。

如同費倫齊提到生命初始適應外在的壓力，若超出心靈的容納能力時，愛的反面不是恨，是恐懼；兩者的平衡才能塑造心理發展，否則卽是崩解與毀滅。那麼會不會這些個案常在抱怨的，不是不滿足，而是他快死掉了，是生死存亡的議題：（小嬰兒）不能等待，所以也不要思考（無法思考媽媽在想什麼），思考等於要等待，無法給予立卽的滿足？這攸關著客體、危險與倖存，比昂生動地描述到孩子所慾望著的，就是感覺自己沒有得到的，也就是「壞客體」！而壞客體被需要，是因爲它們無法被擁有；若依溫尼考特的說法，好乳房（客體）如果無法一直存活

（與在場），也會變成壞乳房。

　　瑞君提及是枝裕和的電影《無人知曉的夏日清晨》裡四個孩子的企盼，與後面段落溫尼考特的x+y分鐘的等待相映照，都拓印出在這些等待的薄紙下，有著必要的真實客體存在，或者說若要在生命裡有活生生的彰顯，必然要有內在客體的真實存在。令人印象深刻的是劇中的孩子們不斷尋求拼湊客體的愛，如老大明與老二京子代理了父母親的關照與家務，紗希姐姐、超商店員和棒球隊教練等，也接替扮演了理解陪伴的援助角色，導演尤以大手握小手的特寫拍攝，讓人感覺每在內心快要墜落的一瞬間，剛好皆會被穩切、撫慰的握住，並被懂得的承接，以致耐不住（x+y+）z時間的創傷碎裂，可以在生命本能的小盆栽裡承載或好好埋葬、再發芽。這似乎道出孩子們無人知曉的窮途蒼茫，是自己已在客體的心中被抹滅。

　　接著轉至另一種攝入（客體）的困難來作聯想，瑞君談到比昂談人格中的精神病「透過大量的投射及分裂機制來排空，如迪迪在關係中「攝入」上有著過多的恐懼……」。無法攝入滋養的孩子，一切只能靠自己，因此不時要維持自我的全能強大感（也是種精神病性的妄想，自成一隔離的幻想世界）；外在皆是危險的，只要一感覺

到原始幻想慾望、對人的依賴需要，內在就得防衛作戰：驅逐對方、收回力比多的偽足；相對的另一種模式，果果（如同迪迪的攣生兄弟）一靠近或倚靠人，就是攻擊（如控訴迪迪無法滿足自己），雖然這攻擊的本質是一種呼救。比昂描述了這些個案因此可以感受但卻無法從中學習，有感覺但很模糊，無法了解那些是什麼意義，他們不想去經驗任何事物的決定，與無法拒絕或忽視任何刺激，兩者可以並存。而治療師若正確的描述這些困難本質，個案是不可能了解的。

比昂提及藉由「強迫性分裂（enforced splitting）的機制，即在與乳房及替代物有關係障礙的狀態下，嬰兒的主動性因害怕自己或他人之攻擊而受阻，強烈時會抑制進食的衝動，對客體的愛與羨嫉會更增強這種阻礙。情緒的暴亂會更強化此一阻礙，因為暴亂無法與毀壞及隨之而來的罪惡感和憂鬱區分。但恐懼飢餓而死，卻迫使嬰兒繼續吸吮。物質滿足與精神滿足由此分裂。恐懼、仇恨和羨嫉是如此令人害怕，以致人們會採取一些步驟去破壞對所有感受的覺察，雖然這無異於奪走生命。……這分裂的目的和作用是讓嬰兒獲得物質安適（貪婪），而不用承認這些好處依賴於一有生命的客體。

這難題因阿爾發功能的毀壞而獲得解決。這使得乳房和嬰兒變得沒有生命，且隨之而來的是罪惡感，害怕自殺也害怕謀殺。……個案貪婪而恐懼地攝入一個接一個的貝塔元素，但除了內射更多貝塔元素外，卻無法孕育任何的活動。」（摘要自《從經驗中學習》，劉時寧譯）因此回頭想像臨床中的困難個案，想被滿足但不要被探究與理解，也許也如瑞君所提的，是想要一個和理想融合在一起的客體，如信仰般的聖靈能充滿自我的內在，救贖、修復並點亮全我，但因為無法等待與受挫，所以自我只能創造幻想或錯覺，再一次又一次的幻滅。

最後，再重回到等待與思考的主題上，我想著也許兩個盒子間的等待與思考可以玩出更多的花樣，譬如模仿比昂寫數學公式：「等待」＋「思考」似乎就能創造出更多的可能性、時間的多樣性，雖說時間是象徵著父親的不變性，但時間也承載著重要的真實與驗證，否則任何事物都可能是謊言，任何活動與關係都可能是折磨，直到我們期待的或意外獲得的改變（成長）在時間歷程後出現！或許我們也可以孕育出更多的想像公式如：（時間＋等待）x 思考，而我幻想著答案就是一位能遐想（reverie）的涵容者—真愛無誤吧！

參考資料：

Bion, W. R.（2006）。從經驗中學習（劉時寧譯）。五南。（原著出版於1962年）

Gurevich, H.（2015）The Language of Absence and the Language of Tenderness: Therapeutic Transformation of Early Psychic Trauma and Dissociation as Resolution of the "Identification with the Aggressor". Fort Da,（21）（1）:45-65

李芝綺

臨床心理師

臺灣精神分析學會會員

深藏心理治療所所長

臺灣精神分析學會推薦精神分析取向心理治療師

《等待果陀》走過絕處：
兩個難搞的人莊嚴地活著

陳建佑

「我在出生之前就放棄了，然而這是不可能的，但出生是必須的，是他（出生了），我在裡面，……是他有生命，我沒有生命，不值得擁有的生命，因為我的關係，我不可能有思想但我卻擁有，有人（像神一般）干預我，干預我們，這就是他的目的，最終，我在腦海中看到他，在那裡干預我們。」（Beckett, S. (1976). For To End Yet Again And Other Fizzles. London: John Calder.p. 45 & pp. 39-40.）

這是貝克特的短篇小說中的片段，有個跟生命早年議題有關的描述，將一個人分裂成兩個次人、或者複製體，是貝克特作品中一再出現的主題。精神分析的理論自佛洛伊德時代以來，逐漸將目光從伊底帕斯期移往前伊底帕斯期、甚至是如克萊恩、比昂或溫尼考特談論的生命早年，那個尚未有語言、僅只有部分客體而尚未有完整客體之事。然而在比昂發展其理論之前，比昂跟貝克特兩人，在

前者分析師生涯早期曾有兩年左右的治療，根據所得的文獻內容，這個治療的過程無法確定是在傳統的分析架構下進行；在那之後，他們兩人便再無聯絡，但是兩人在各自領域的創作與追尋，卻是相當有關的。仿佛在這段兩人交流的期間，共同發現了什麼懸而未解的事，值得它們各自用餘生追尋，仿佛兩人以此做為起點，以創造力的繞行，發展了各自的生命，像是一個雙星系統：兩個各自發光的恆星，並非誰繞著誰、或者一起繞著一個看得見的恆星，而是繞著彼此萬有引力的中點——往往是空無一物的假想點，卻如潛意識的核心議題般有影響力——以各自的軌道旋轉。

　　兩人在這段時間曾一同去聽榮格的演講，在個案報告的討論中有一個回應「出生是他的死亡（birth was the death of him）」。這成了兩人關係的引子，或許榮格以下的想法能做為更細緻的描述：「當個案投射在治療師之上的情緒內容，與治療師潛意識內容一樣，他們雙方將落入同一個潛意識的黑洞，進入participation的狀態，如同佛洛伊德描述反移情的概念。它包括相互投射到彼此中，並藉由交互的潛意識緊綁在一起。Participation是原始心理學的一個特徵，在此層面，主體和客體之間沒有意識的

區分。」（Jung (1968). 'Analytical psychology: its theory and practice. The Tavistock Lectures'. p.332）

　　從兩人的自傳看來，他們或許在生命早年經歷了類似困難的事，前面兩場夥伴的詳細描述之外，引援其他的資料，說明比昂很可能理解自己有一個非常難相處的母親，與她分離是困難的，與她親密是危險的。「……我學會了珍惜那個可以上床睡覺、把床單蒙在頭上哭泣的幸福時刻。隨著我欺騙的能力越來越強，我學會了默默地哭泣，直到最後我變得更像我的母親，不笑也不哭。」（Bion, W. R. (1982) The Long Week-End, 1897-1919: Part of a Life Abingdon: Fleetwood Press. p. 34.）從兩人各自的作品中也可發現，他們都在類似的困難中，對於意義、溝通、人類連結的起源與命運等問題，有不停地追尋。若把精神分析的歷程，比喻作生命再次新生的過程，或許這對分析師的成長歷程也適用，亦即，我們都得從最原始的認識世界的起點出發，往發現真實的目標走著；在生涯早年遇見的病人，會讓分析師在餘生持續處理這個相遇。

　　在那般生命早年遇見的困難，無論來源是失敗的環境、母親、難搞的病人，有如在反映二十世紀的重要議

題：psychic numbing，這被Simon（1988）描述為「類分裂」方式的存在（schizoid ways of being），自我為了躲避災難因而需要躲在炸彈避難所裡，甚至在災難過後，自我仍散落在其中。如在貝克特筆下的角色總在破壞、攻擊、嘲笑和害怕建立有意義的聯繫的行為。而他的思想態度包括「我」或自我隨著時間推移的不穩定，語言表達和交流的不足，以及對於語言和文學能充分傳達任何可能的拒絕—除了傳達消極和不可能。從這樣的內在，似乎被一種生命力主宰，是關於消極與不可溝通，並致力於維持這樣的世界，仿佛避難所就如同世界，而相較之下，真實世界則如同災難中的廢墟。

類分裂機制對Fairbairn和Guntrip來說，是在面對精神病性部分的精神混亂（psychic disruption）時，混雜著特定衝突與防衛的狀態，對人類交流的困難有某種相互交織的看法，但對維持這種交流的掙扎深表敬意；堅持於誠實地承認「極度不願意或無能、或者害怕與另一個人建立深度聯繫」的影響。有精神官能症部分，這個文明的部分的存在，讓語言溝通成為可能，然而這樣的語言是為了拒絕建立關係而服務；也可能有人意識中期待著輕鬆的溝通而有諸多要求，因此在別人眼中變得難搞。這樣的關

係反映內在精神官能症的部分與精神病症的部分對話時的困境。

〔第一幕 p.67-69〕

維拉迪米爾　我們在這裡沒有其他事可做了。

艾斯特崗　　其他地方也一樣。

維拉迪米爾　哦，果果，不要這麼說，明天所有的事都會更好。

艾斯特崗　　你怎麼知道？

維拉迪米爾　你沒聽到那小孩說的話嗎？

艾斯特崗　　沒有。

維拉迪米爾　他說果陀明天一定會來。（停頓。）你有什麼意見嗎？

艾斯特崗　　所以我們該做的就是在這裡一直等他。

維拉迪米爾　你瘋了嗎？我們必須找個可以過夜的地方。（拉艾斯特崗的手臂。）走啦！（拉艾斯特崗跟著他，艾斯特崗服從，之後又拒絕。他們僵住。）

艾斯特崗　　（看樹。）可惜，我們沒有繩子。

維拉迪米爾　走啦，天氣很冷。（拉艾斯特崗跟著他，如

前。）

艾斯特崗　　　提醒我明天要帶繩子來。

維拉迪米爾　　好，走啦！（拉艾斯特崗跟著他，動作如
　　　　　　　前。）

艾斯特崗　　　到目前為止，我們在一起多久了？

維拉迪米爾　　不知道。50年了吧！

艾斯特崗　　　你記得我跳入羅恩河的那一天嗎？

維拉迪米爾　　我們在採收葡萄。

艾斯特崗　　　你把我撈起來。

維拉迪米爾　　那些都是過去的事了，早忘光了。

艾斯特崗　　　我的衣服在陽光下曬乾了。

維拉迪米爾　　重提舊事沒什麼好處。走啦。（拉艾斯特崗
　　　　　　　跟著他，如前。）

艾斯特崗　　　等等。

維拉迪米爾　　我很冷。

艾斯特崗　　　等等！（離開維拉迪米爾。）我想如果我們
　　　　　　　分手是不是更好呢，各走各的路。（穿過舞
　　　　　　　台，坐在小土坡上。）我們注定是志不同不
　　　　　　　合。

維拉迪米爾　　（無生氣貌。）不一定。

艾斯特崗　　對，什麼事都不一定。

（維拉迪米爾慢慢地穿過舞台，坐在艾斯特崗身邊。）

維拉迪米爾　如果你認為分手比較好的話，我們還是可以
　　　　　　分手。

艾斯特崗　　現在分手不值得了。（沉默。）

維拉迪米爾　對，現在不值得了。（沉默。）

艾斯特崗　　怎樣，我們要走了嗎？

維拉迪米爾　好，我們走。（他們不動。）

〔落幕〕

（取自：廖玉如譯，聯經出版社。以下皆同版本，不再另
行註明。）

　　想著要自殺的果果（艾斯特崗）與想著要等待果陀的
迪迪（維拉迪米爾）一來一往的對話，彷彿是在溝通、在
準備分手，但最終他們哪裡都去不了、什麼也沒做，卻很
可能這樣子過了五十年，就好像在這兩人之間，時間是停
止的，也如同劇中，兩人時常忘記昨天的事（是哪個小男
孩來了、果陀交代了什麼，或者看到潑佐和幸運的事）而
怕錯過了果陀，得要一直在場，而哪裡都去不了。沒有什
麼被記得，如同被凍結的創傷一般，因為還沒有獲得意義

而沒有時間性；也像是剛出生的嬰兒，還不具有控制自己肢體的能力，還不具有與世界互動、因而還沒能從世界得到意義，世界的時間性對嬰兒而言，是沒有動的。在他們兩人的世界之外，在第三方（讀者）看來是難以明白，他們打算做什麼，仿佛「他們」才是一個個體，而且是躲在語言的避難所之下的個體。

比昂成為精神分析師的第一篇著作〈假想孿生〉[註]，其題目為治療師移情詮釋的概念，其病人將比昂視作自己的假想雙胞胎。根據他的建構，病人A在幻想中阻止了「假想孿生」的出生，而正受到未出生的假想雙胞胎的懲罰。這個懲罰使得病人自己沒有完全出生。這位患者說他覺得自己好像「在子宮裡」，對此比昂認為「他害怕出生」。比昂要理解病人的溝通這件事，就好像一個雙胞胎應該知道他是「虛構的」，並且也站在病人的對立面。比昂進一步認為，這種幻想代表了關係中的早期客體或前客體問題，並且是反映於病人對不受他控制的客體的無法忍受。假想孿生的功能是否認與他不同的現實，這種擬人化代表了一種防禦結構，以抵禦無法忍受的情緒強度，並「表達了一種與現實彌合的企圖」。

註：Bion. The Imaginary Twin. Read to the British Psycho-Analytical Society, 1 November, 1950. Second Thoughts. London: Karnac. 1974.

　　這樣的描述，或許能替文章開頭貝克特的角色所說「I didn't have a life, a life not worth having」找到另一個註解，這句話也可以如此解讀：「I didn't have [a life not worth having].」，有的是難以說出的「worth living life」？就好像有一部分的他，是還沒被生出來、另一部分則是被分割在外，既像是自己，又像是決定命運的神祇。有自己的生命像是悲劇，這像是在說，比意識存在更早的時候，便發生了可怕又痛苦的事，並且心智尚未有處理這些悲劇的能力，便讓它們像是生命的骨架一般，決定了往後的形貌。

　　溫尼考特在1974年《崩潰的恐懼》一文描述：「根據我的經驗，有些時候需要告訴個案，那個崩潰、摧毀他或她生活的恐懼，早已存在。這是一個隱藏在潛意識中的事實。這裡的潛意識並不完全是精神神經症被壓抑的潛意識，也不是佛洛伊德的表述的：心智的一部分，非常接近神經生理功能的潛意識。……在這種特殊的脈絡下，潛意識意味著自我整合無法包含某些東西。自我太不成熟，無

法將所有現象聚集到個人全能的領域。」每個人心智中存放非常早年經驗的部分，那個僅有感官經驗，而尚未有語言記憶的時間、因為心智與感官發展尚未成熟，而僅與部分客體接觸，甚至是沒有客體的那段時間，所有來自身體的感覺，若未能得到來自母親與環境及時的幫助，得以化解並且被意識所認識，便會受到潛抑，甚至是被驅逐在外；亦即在未整合（unintegration）邁向整合的途中，便崩解了（disintegration），此刻的心智碎片將難以被看見，而是以心智的空白窟窿（blank hole in the mind）、不只是內在的空乏，更有力量吸引所有跟這個空洞核心的災難相關的心智內容與思考，將其沒入黑洞之中。

如佛洛伊德對Id的描述，「幾乎所有我們對於Id的認知，都是與ego比較而來的負性特質」，這樣的方式呈現——曾在那裡的，現在絕不可能出現。格林有一段關於溫尼考特的討論：「將過渡客體定義為『非我所有』提出了客體概念的一個不同的角度，其不同於習慣的正性內涵（positive connotation），即滿足需求的客體、慾望的客體或幻想的客體。客體在這裡被定義為對我的負（The object is here defined as a negative of me），這帶來

許多關於全能感的涵義。」（André Green (1997). The Intuition Of The Negative In Playing And Reality. International Journal of Psycho-Analysis, 78:1071-1084.）客體不只是被正性地——或者說是有知覺地——使用，在過渡空間中，除了有部分客體、也還有自我的一部分，那是一個借用客體來走進真實世界的方式，退錯覺（disillusionment）必須逐步完成，自我才能在這個過程哀悼失去的原始全能。

那些無法浮現在幻想中處理的災難，是未整合的自我想要擺脫的，他發展出避難所的隔絕能力，卻可能讓原始的困境重現——隔絕了真實世界災後的綠草如茵，自我躲在一個沒有災難也沒有生命的，另一個版本的厄運裡頭。佛洛伊德認為，這些於內在被潛抑的感知，並非被往外投射，更精確地說，應該是於內在被抹除（abolished）的，會自外在回返。這樣的過程，也如同描述negative的樣貌——那是完全陌生的、非我的——屬於我的一部分，僅能透過「絕對陌生」的感知，來逆返推敲這裡曾經經歷了滅絕般的災難。

果果和迪迪，他們的對話方式有時像在面對潑佐和幸運時，是一搭一唱的雙簧，另一種方式則在兩人獨處時，

像是沒有交集地各說各話。爲何分不開？明明一個一直說要離開了、另一個一直說要上吊了，但他們仍然日復一日地在彼此身邊。若上述的負，如同一個庇護所，裡面包著的是早期的心智——它仍然會有向外投注的力比多，以及認識世界的需要——會否有這樣的狀態：這個有生命力的部分、他所記得且認識的世界，是這個庇護所，而生命力被用來要維持空白、自外在世界退灌注（decathexis）的防衛；此時從庇護所之外看來，便呈現了含有被投射的正性特質（不斷說話，想要建立連結）而核心是負（庇護所的本質：不連結）的樣貌，這個庇護所裡屬於生命早年的正，則是從外界回返，引來了幾乎一模一樣的個體，幻想孿生在對方投射出來的虛假世界裡，無比真實地展現了自己的生命力，但這種一模一樣，卻是對於生命其獨特性的否定——所有的零或空無，看起來都是一樣的。

幻想孿生的移情中，一個是被困住的、一個是出生在外卻被詛咒的，這讓另一人成爲這部分的自己，其功能如同溫尼考特〈論原始情緒發展〉一文中描述的母親功能，或者比昂描述的，可以把純粹感官經驗的beta元素轉換成夢與幻想等可思考的素材的alpha功能。但在幻想孿生中，母親的alpha功能要處理的卻是用語言來展現受困於

131

beta元素的嬰兒，此時要相信語言？還是需要把語言看作一種阻抗的行動？這樣的語言挑起的是照顧者內心深處對於語言／世界的不信任──那座每個人都有，甚至被遺忘的庇護所，裡面是否還有人？這種使用語言的方式，比昂對於人格的精神病症部分的描述，說明「客體反對並且破壞所有──從最原始（我認為屬於正常程度的投射性認同）到最複雜的語言溝通與藝術⋯⋯這些對情感聯繫功能的攻擊，導致連結人格的精神病部分過度突出，這些連結似乎是合乎邏輯的，幾乎是數學的，但在情感上卻從不合理。因此，倖存的連結是倒錯的、殘酷的和貧瘠的。」（Bennett Simon (1988). The Imaginary Twins: The Case of Beckett and Bion. Int. Rev. Psycho-Anal., (15): 331-352.）

這樣的難題，或許困難得讓比昂在兩人相遇15年後才發表，也可見他在與精神病症的病人工作中，不斷地往那個最原初也原始的地方走去；他在1962年的文章持續描述與母親功能的失敗有關的困境：生命早年發展以及與母親關係的失敗，將使乳房和嬰兒看起來沒有生命，隨之而來的是過去、現在和即將發生的內疚、對自殺的恐懼和對謀殺的恐懼。對愛、理解和心智發展的需要，因為無法

滿足，現在轉向尋求物質享受。由於對物質享受的渴望得到了加強，對愛情的渴望仍然得不到滿足，將變成了自負和誤導的貪婪。堵塞的原始心智與情緒發展，成爲了一個空洞，進一步成爲了一種知覺，認爲它的存在便是爲了要被滿足，但越多的滿足卻是越穩固庇護所的核心。病人採取尋找失落客體的形式追尋治癒，卻總在增加對物質舒適的依賴而告終；量而非質的必須是主要的考慮因素。他感到被奇異的客體包圍，以至於卽使擁有物質享受也感覺糟糕且難以饜足。患者使用適合與無生命接觸的方式，以建立與自己的聯繫，這一事實有助於解釋患者意識到自己實際上還活著而產生的困惑。

另一篇討論兩人共同議題的文章片段：「Grotstein 用以下方式討論了比昂對『虛無（no-thingness）』和『空無（nothingness）』的區分：『虛無』是具體的負的某事，它積極地阻礙與客體分離的空間或間隙（無法容忍『空無』的所在）。無以容忍這個間隙和它空白的無，會導致回到原點地進入『虛無』，否則會導致付出更高代價的回返，進入『黑洞』的去整合的無（disintegrative nothingness）。」（Victoria Stevens (2005) NOTHINGNESS, NO-THING, AND NOTHING. IN

THE WORK OF WILFRED BION AND IN SAMUEL
BECKETT'S MURPHY. Psychoanalytic Review, 92
(4).）

　　攣生子叨叨絮絮地說著，用看似alpha功能的方式摧
毀alpha功能，來逃避與活著的客體接觸的經驗，會使人
格無法與自身任何不像機器人的方面建立關係。那裡是沒
有母親的潛意識所在，僅是被眞實世界中兩人的沒有母親
給再現出來了。至此我們發現比昂對於這個原始地帶的衆
多描述，如他一生對精神分析實踐的同時，也像是在餘生
處理這個一輩子的分離──與眞實的母親、與母親功能缺
席的災後留下的避難所、與近乎眞實卻虛幻的攣生子──
從彼時開始，榮格「未被完全生出來」的評論，對兩人而
言像是共享創作（shared creation）或者過渡客體，讓
他們兩人得以分離，但持續以彼此各自對於同一個議題
──在子宮內的精神生活──的創作保持連結。亦卽，如
果可以忍受失去攣生子幻想所看見的「空無」，說明了嬰
兒有能力思考客體的缺席所造成的空虛。這樣做的能力爲
嬰兒打開了一條將「無（nothing）」視爲缺少某物的方
式，從而使他們能夠賦予經驗以意義。

　　「我們如何去思考不可想像的，命名不可命名的，

並知道不可知的——空無（nothingness）？比昂和貝克特問我們每個人：在沒有客體的情況下，我們用什麼來填充剩餘的空間？我們如何表示什麼都沒有？他們似乎對這些問題都有相似的答案：只有能夠忍受不知道的挫敗感，只有能夠面對空洞（emptiness）而不試圖用虛無（no-thingness）填充它或將其理想化爲否認感覺的方式、依賴或慾望，方能眞正體驗到作爲創造性解釋和與世界互動的過程而出現的意義。」（Victoria Stevens (2005) NOTHINGNESS, NO-THING, AND NOTHING. IN THE WORK OF WILFRED BION AND IN SAMUEL BECKETT'S MURPHY. Psychoanalytic Review, 92 (4).）試圖讓虛無黑洞不再吞沒一切生命力的方式、活下去的方式，是不再試圖（如它一般）抹消它，透過接受它與眞實客體不同的必然、並且忍受這般分離的痛苦，分離的兩人單獨走入各自的無，在其中催生創意的有，從此莊嚴地活著。

References
1. Bennett Simon（1988）.The Imaginary Twins: The Case of Beckett and Bion. Int. Rev. Psycho-Anal.,（15）:331-352
2. André Green（1998）. The Primordial Mind and the Work of the

Negative. International Journal of Psycho-Analysis, 79:649-665
3. Christian Maier, Bonn, Germany（2016）Bion and C.G. Jung. How did the container-contained model find its thinker？ The fate of a cryptomnesia（Translated by Barbara Wharton）. Journal of Analytical Psychology, 2016, 61, 2, 134–154
4. Victoria Stevens（2005）NOTHINGNESS, NO-THING, AND NOTHING. IN THE WORK OF WILFRED BION AND IN SAMUEL BECKETT'S MURPHY. Psychoanalytic Review, 92（4）.

陳建佑

精神科專科醫師

臺灣精神分析學會會員

精神分析取向心理治療師

高雄市佳欣診所醫師

黑暗中的光

與談人：許瑞琳

Dark matter（暗物質）

依照星系運動模式，必須有大量的物質束縛這些高速運轉的恆星，讓恆星維持在軌道上不偏離，這些看不見卻具有重力、束縛著恆星的物質，稱之為暗物質，占了宇宙的24%，而暗能量占了72%，我們所觀察到的天體：星星、銀河等只占了宇宙4%。如果將可見的天體比喻為意識，不可見的暗物質比喻為潛意識，那麼比昂和貝克特這個雙星系統，影響和連結他們的暗物質（潛意識）又是什麼，我們只能透過可見的運行軌道來推敲，這軌道就是比昂的精神分析理論和貝克特的文學作品。在兩人相遇之前，他們都各自有一個像黑洞般的母親，質量和引力遠遠超過他們這顆小恆星，要小心不要太靠近黑洞，否則會被吞沒掉。在貝克特和比昂分析期間，黑洞母親仍深深地影響著他們，這讓他們能互相理解和共鳴，許多破碎、原始、無法言說的經驗互相連結，這些連結就

像暗物質般聯繫了他們，也讓他們聯繫了早期生命經驗，那種被吸進黑洞的恐懼，可惜這個相似也讓他們相距太近，比昂只是一個實習醫生，貝克特很可能是他的第一個病人，比昂尚未被好好分析，也尚未發展出客觀的理論，也許比昂只能給予貝克特不同於他的母親的母性經驗，當那個傾聽、包容、回應、專注在小孩需要上的母親，或許比昂的直覺讓他想到，他們之間需要有一個真正的父親介入，就是榮格，他們一起去上了榮格的理論課程，這個強而有力的父親形象就像暗能量，讓貝克特的內心宇宙向外膨脹，加速了貝克特脫離母親這個黑洞的進程，他先在治療室上演這個行動，脫離比昂，兩年後，他脫離母親和母語，離開柏林來到巴黎開始用法文寫作，用藝術讓自己重獲新生（psychic rebirth），此後，貝克特和母親（真正的、比昂）的關係，是用暗物質維繫著距離的雙星，比昂和貝克特的相遇讓他們都堅信這些原始、破碎、無法言說的經驗（beta-elements）的真實性和影響性，他們各自發展出自己的方法（alpha-function and autoregulation），試著將之變成可言說、可溝通的經驗（alpha-elements），向全世界敘說著。

Womb-Tomb（子宮—墳墓）

（女性象徵符號中的O像是子宮、＋像是陰道，子宮是空的容器、孕育新生，但是當這個符號倒過來，就像墳墓上插著十字架，也像等待果陀的場景，一個小土坡／墳墓和一棵枯樹／十字架，迪迪和果果就是在枯樹下討論著是否上吊自殺）

「我們是孤單的，我們無法了解也無法被了解。」（貝克特）

「貝克特的作品共同分享了這個主題——自我追尋和自我閃躲。此兩者互相追逐的同時也互相抵銷，因此貝克特的人物永遠困在一個無底洞的深淵而進退維谷。他們唯一能做的是，就是不斷重複同樣的事以等待時間的流逝，直到生命終了。」（廖玉如）

「貝克特的人物與他人形成唇齒相依的共同體，彼此依賴卻也互相對抗。因此，兩道勢力互相拉扯，無法前進也難以後退，只能在時間的洪流裡旋轉再旋轉，直到耗盡

所有的精力」（廖玉如）

　　《等待果陀》裡的難兄難弟迪迪和果果、主僕潑佐和幸運，都像孿生兄弟般，是被同一條期待／臍帶牽引的生命共同體，他們雙雙擠在一個窄小的空間／子宮裡，對迪迪和果果而言，果陀仿佛是希望的光，兩人努力地打發時間，等待果陀的到來，讓他們得以照亮長長幽暗的隧道／陰道，往前穿越，出生到理想的所在，一天又一天，光旋即而滅，兩人還是停在原點動彈不得，在一次又一次的徒勞中，身體隨著時間流逝越見衰弱，往前的腳步越邁越小，他們討論著自殺是不是才是解脫之道。還來不及出生就宣告著死亡，似乎是貝克特筆下每個小人物的寫照，這些小人物從不放棄努力，但也無法得到想要，相對川端康成式「美麗的徒勞」，華麗的背景、浪漫理想的愛情，雖像櫻花般轉瞬即逝，至少曾經美極燦爛，貝克特的人物似乎像螻蟻般存在，卑微渺小，隨時會被命運的巨輪無情碾壓，場景也採極簡風（極為寒酸），一株枯樹、一個小土坡、一條繩子、一個袋子、籃子、凳子，堆疊著瑣碎、重複、粗魯、乍聽無意義的對話，畫面卻傳遞著強大的療癒力，迪迪在提到果陀時所露出虔誠盼望的眼神，果果感恩

滿足吃著迪迪給他的紅蘿蔔，他們即使處在失望無助中依舊關心安慰彼此，憐憫萍水相逢的僕人幸運，並且為這個僕人與其主人潑佐抗議，認份地繼續等待始終沒有到來的果陀，這一點一點像螢火蟲般閃爍的小光，照亮了人類內心的幽微處，忽明忽暗的，這些困在子宮裡無法出生的人，也像困在墳墓中，但又彷彿有光，這個光來自他者，另一個孿生兄弟的存在，雖然一樣是卑微的小人物，但透過命運的共感，可以向對方宣洩內心的不滿，當發現再怎麼攻擊，對方依舊在，這個堅定讓人願意再試著活下去。

No-thingness（虛無）● & Nothingness（空無）○

虛無：就像黑洞、就像墳墓，吞沒和掩埋所有人事物和想法
空無：就像子宮、就像容器，準備要盛裝新的人事物和想法

Schizoid retreat（類分裂性退縮）

貝克特和比昂都經歷了兩次世界大戰，見證人性最殘酷黑暗、及人類最無助的一面，事實上，打從他們一出

生就得應付非常難相處的母親，戰爭早就開打了，母嬰間的權力位階可等同戰爭與庶民，無助的嬰兒必須依賴著母親、同時恐懼著被母親吞沒，母親是發配糧食的統治者，也能命令你上戰場，活在被遺棄、傷害和瓦解的威脅下，與母親在一起的風險是自我隨時可能被打成散亂的碎片，類分裂方式的存在（schizoid ways of being）就像待在躲避戰爭的防空洞中、藏匿在墳墓下的洞穴、強大死亡威脅下生的盼望，是一種讓自己維持安全的防衛機轉（schizoid retreat），他們將關係先凍結起來、將自己孤立起來，等待那道穩定的曙光升起再出來。溫尼考特認為類分裂性退縮，是一種保有內在真我（true self）的方式，不需要為了適應難搞的環境，逼迫自己形成假我（false self）的面具去討好順應，避免面具戴久了最後忘記真實的自我，在健康的發展過程中，自我與客體間最珍貴的相處經驗，就是自我可以拒絕客體，自我可以掌握和客體相處的距離，而且客體始終是堅定的存在。回到治療室中，我們可以重新思考個案的「沉默」，治療師要能接受個案的「不溝通」和拒絕，去涵容個案的沉默、承接負向的能力（negative capability），陪個案待在防空洞裡去經驗這些無法言說、及說不清楚的恐懼，和個案成

爲情緒的生命共同體，就像迪迪和果果、比昂和貝克特，個案和治療師間是透過潛意識的共感、個案的投射性認同，治療師陪個案去捕捉、描繪、拼湊這些破碎的經驗，治療師始終是堅定的存在，這些能讓個案無可迴避的早年命運漸漸輕盈些，避免個案因爲過於恐懼進入虛無（nothingness）狀態，只能將早期混亂的經驗置於失憶和空白，就有機會讓個案用空無（nothingness）的狀態去等待，這些困難言說的經驗慢慢浮上意識、去思考、梳理、和修通。

因此，比昂和貝克特不約而同用雙人模式，去解決出生前、後的所經驗到的創傷和困境，比昂發展出他最著名的涵容理論（container-contained model），散亂、早已存在的preconception，等待一個思想者／母親去涵容、遐想（reverie/alpha-function），將之成爲可思考的內容。而貝克特在這些小人物身上注入很多創意、哲思、像夢般的遐想，及安排共生的人物關係去承載不幸，這些都能讓墳墓的土（solid）轉化（transformation）成子宮的水（flow），在水的流動中映照出光影的變化，即便身體不由自主被困住了，但在精神上可以像貝克特一樣，用不同的語言再出發，psychic rebirth，雖然

難搞，但莊嚴地活著。

Reference
1. Bennett Simon (1988).The Imaginary Twins: The Case of Beckett and Bion. Int. Rev. Psycho-Anal., (15):331-352
2. André Green (1998). The Primordial Mind and the Work of the Negative. International Journal of Psycho-Analysis, 79:649-665
3. Christian Maier, Bonn, Germany (2016) Bion and C.G. Jung. How did the container-contained model find its thinker？ The fate of a cryptomnesia (Translated by Barbara Wharton). Journal of Analytical Psychology, 2016, 61, 2, 134–154
4. Victoria Stevens (2005) NOTHINGNESS, NO-THING, AND NOTHING. IN THE WORK OF WILFRED BION AND IN SAMUEL BECKETT'S MURPHY. Psychoanalytic Review, 92(4).
5. Winnicott, D. W. (1965) Communicating and Not Communicating Leading to a Study of Certain Opposites (1963). The Maturational Processes and the Facilitating Environment: Studies in the Theory of Emotional Development 64:179-192
6. 等待果陀・終局。山謬・貝克特 著。廖玉如 譯注。聯經出版社 2008

許瑞琳

精神科專科醫師

臺灣精神分析學會會員

台中心身美診所醫師

精神分析取向心理治療師

《等待果陀》轉身是餘地：
今晚不會來，但明天一定會來

王盈彬

「今晚不會來，但明天一定會來」，這是一種希望的說法，還是一種失望的唐塞，或是遊走在希望與失望的間隙中，沒有希望的希望藍圖，讓一種希望的感覺存在，卻被一種自閉的氛圍所圍繞，等待著，躊躇著。失落、絕望、期待、慾望，充滿了這一個間隙，是讓創造的可能性增加，還是阻止了創造的可能性。「果陀來或不來」是一個問號，但是，「果陀是誰」也是另一個問號，更終極的是，「為什麼要等待果陀」。這是一種意識上的說法，還是一種情感的運作，或是相互為用，而藉由身體感官的運作，存放這之間的落差。

精神分析診療室裡的各種語言，從這樣的角度切入，其實很容易發現類似的影子。個案進到診療室開始接受分析治療，希望可以重新整理自己的童年和自己的傷，而在這不斷進行的治療期間，有很多不同的情境會發生：真正要碰觸到傷口時的恐懼；躊躇了要碰觸傷口的期待；記憶

裡到底有甚麼；傷痕究竟在哪裡；甚至是，我為何在這裡；在等待著甚麼，又為何需要等待？

「最大的掙扎總是在信念（faith）和絕望（despair）之間。絕望是一種永遠存在的危險，它導致我們排除任何可能性；信念是一種永遠存在的瘋狂，它引導我們發現可能性並建立它們。每個人有時都會引導另一個人，但最終我們必須盡可能地站在信念的一邊，並保持勝利，因為我們已經從鬼門關中奪回了我們可以角力的任何東西。雖然信念似乎創造了可能性，但擁有仍未實現的信念會讓我們感到愚蠢，就好像我們無法實現我們的希望或夢想，使它們不值得擁有，或者更糟的是，瘋狂。信念創造可能性；我們是否能看透它，使信念和瘋狂之間的界限變得無法確定。」（王盈彬譯）^{（參閱註一）}

《等待果陀》的劇碼，可以從許多不同的角度切入，雖然只是四位主角和一位男孩，但是穿插在不斷失望和不斷希望之間的對話，也引領出了許多當年的文化氛圍和社會一隅的故事。這部作品是被歸類在荒謬劇，時代的背景坐落在五十年代的法國，被認為是存在主義的反映，而存在主義的主軸之一，就是強調存在勝過一切，挑戰的是由神所決定的人生存在。然而，就在這樣的由神權到人權的

移轉過程中，有一個過渡和等待的歷程和情感，正在發生，於是一種由希望、絕望、等待的過程所構成的組合，就成為了這齣荒謬劇的本質之一。

端詳著文字組成的文本，和觀賞著被演出的劇本情節，張力是明顯不同的。臨在的感覺，讓那種逗趣無奈、諷刺悲哀的情感氛圍，穿透進到觀賞者的眼光中，隨著觀賞者的質地不同，也讓這齣荒謬劇，當年在不同國度的不同文化場域的上演時，激盪出不一樣的火花，特別是西元1957年在舊金山聖昆丁監獄的演出，得到了意外的正面迴響與延伸，這是一種超越語言文字的情感渲染，從一種荒謬中，震盪出令人意想不到的生命力量。也就是由一種感受所引領的瘋狂，正在一點一滴地傳遞出來，從滿懷希望、到猶豫希望、到懷疑希望、到嘲諷希望、甚至到喃喃自語的希望。

「診療室是，希望與徒勞、可能性與絕望的論壇。當我們和病人坐在一起時，我們會發現自己被寄託在對手端的位置，可能是建設性的或破壞性的希望中，而且很難區分這兩者。這些希望有的屬於我們，有的屬於患者。儘管希望可能被認為是一件好事，因為它激勵我們繼續前進，但Boris（1976）指出，當它採取Winnicott（1971）所描述

的非生產性幻想形式時，它也會阻礙增長，一種逃避，只是填補時間，從而阻礙而不是促進發展……對於Winnicott（1971）來說，這是徒勞的幻想；對於Lacan（1977）來說，正是想像填補了慾望和滿足之間存在的任何差距，從而減輕了我們的不適而沒有解決我們的困境，從而進一步削弱了更多解決困境的可能性。」（王盈彬譯）^{（參閱註一）}

當然，我們都不想陷入這樣的困境中，就像劇中主角艾斯特崗和維拉迪米爾一樣，但是他們也就這樣陷入了這樣的困境。然而，從另外一個角度來看，這是困境嗎？或是一種安然？就像是診療室中的一種共謀的想法，或是共謀的狀態，反映著這樣的困境的樣態。

回到劇本內容，讓我們用時間點的狀態來定位，然後圍繞著這樣的狀態來仔細端詳。有關「今晚不來了」，這是一種失望還是絕望？而當失望和絕望的目標「果陀」消失，有一種感覺伴隨的出現，這種感覺並不盡然指向一個具體的因果關係，而是一種帶有能量的感覺，似乎準備要醞釀出甚麼般的？

「第一幕
鄉村小路。一棵樹。傍晚。

......

艾斯特崗　　他應該在這裡的。

維拉迪米爾　他又沒說他一定會來。

艾斯特崗　　如果他不來呢？

維拉迪米爾　那我們明天再來。

艾斯特崗　　然後後天再來

維拉迪米爾　可能

......

艾斯特崗　　（低聲地。）就是他嗎？

維拉迪米爾　誰？

艾斯特崗　　（試著記起名字。）呃……

維拉迪米爾　果陀？

艾斯特崗　　對

潑佐　　　　我來自我介紹，我叫潑佐。

維拉迪米爾　（對著艾斯特崗。）絕不是。

艾斯特崗　　他說是果陀

維拉迪米爾　絕不是。（羞澀地對潑佐。）先生，你不是
　　　　　　果陀先生嗎？

......

維拉迪米爾　什麼事？

男孩　　　　果陀先生……

維拉迪米爾　顯然……（停頓。）過來。

艾斯特崗　　（暴怒地。）你過不過來！（男孩羞怯地向
　　　　　　　前。）為什麼這麼晚？

維拉迪米爾　你幫果陀先生帶消息來嗎？

男孩　　　　對，先生。

⋯⋯

男孩　　　　（匆忙地。）果陀先生要我告訴你他今晚不
　　　　　　　來了，但是明天一定會來。

（沉默。）

維拉迪米爾　就這些嗎？

男孩　　　　是，先生。

（沉默。）

⋯⋯」^{（參閱註二）}

　　今晚準備要過了，已經是經歷了失望或絕望了，然
而，緊接著的「明天一定會來」，這是一種希望還是絕
望？又是一種甚麼樣的感覺相伴？然後就這樣，重複的對
話，重複的場景，重複的等待，每一次的重複所夾帶的情
感和狀態，也是不盡相同的瀰漫在下一次的重複中。

「第二幕

隔天。同時間。同地點。

……

維拉迪米爾　我們都快樂。

艾斯特崗　　我們都快樂。（沉默。）現在我們既然快
　　　　　　樂，我們要做什麼呢？

維拉迪米爾　等待果陀。（艾斯特崗呻吟，沉默。）昨天
　　　　　　過後事情就不一樣了。

艾斯特崗　　如果他不來呢？

……

艾斯特崗　　（無法理解。）我累了！（停頓。）我們
　　　　　　走。

維拉迪米爾　我們不能走。

艾斯特崗　　為什麼不能？

維拉迪米爾　我們在等待果陀。

艾斯特崗　　噢！（停頓，絕望地。）我們該怎麼辦，我
　　　　　　們該怎麼辦！

維拉迪米爾　我們什麼也不能做。

……

艾斯特崗　　我們走。

維拉迪米爾　我們不能。

艾斯特崗　　爲什麼不能？

維拉迪米爾　我們在等待果陀。

艾斯特崗　　噢！（絕望。）我們怎麼辦，我們怎麼辦！

潑佐　　　　救命！

……

維拉迪米爾　你第一次來。

男孩　　　　是，先生。

（沉默。）

維拉迪米爾　你幫果陀先生帶消息來。

男孩　　　　是，先生。

維拉迪米爾　他今晚不來了。

男孩　　　　是，先生。

維拉迪米爾　但是他明天會來。

男孩　　　　是，先生。

維拉迪米爾　絕不爽約。

男孩　　　　是，先生。

（沉默。）

……」 ^{（參閱註二）}

劇中人物由五位人物所組成：艾斯特崗、維拉迪米爾、潑佐、幸運、男孩。主軸圍繞著對果陀先生的等待，一開始是艾斯特崗和維拉迪米爾的對話群，其中穿插入了等待期間遇見的潑佐和幸運，讓在充滿期待和焦躁的時間軸中，又增添了一陣擾動，伴隨著語彙、思緒、情緒、舉止、氣氛的抑揚頓挫，和在不斷重複中，一次接著一次的情感的轉折。閱讀文字劇本是一種詩人的意境；搬上舞台後，是一種紀錄片現場的寫實。兩相交錯對焦之下，可能產生了一種荒謬感，也可能產生了一種寓意深遠的醞釀感，一種不解的迷惑感，得動一下腦筋做一下定標，連結會在大家各自的心中自然的浮現。這種原本由具體的意識層次的思維等待為主軸的劇碼，逐漸進入一種情感上的背離隔閡，感覺的層次慢慢成為引領的主軸，意識理性成為點綴或等待被連結的元素。

　　這也是常常在診療室中出現的畫面和議題，兩個人一樣在等待，或話語或沉默，是帶著目的聚集在這一個是設置好的空間，在一次又一次的治療推進，原本等待的目標，常常會在不斷加入的材料的同時，自然開展出不同的向度。同時間，我們也會不時的被提醒著，原來的目的是甚麼，於是不只是不斷在探索，也是不斷在調校。當每一

次的治療小節結束，雙方轉身回到各自的生活，帶著治療小節的內容和情感，理解不理解，順暢不順暢，舊的和新的解答或謎團，也就這樣繼續散居在生活的隨處，然後繼續等待著。

一、有一種希望，正在創造連結，用來恢復連結

「在1934-5年間，28至29歲的Samuel Beckett（或是以Sam的名字來熟悉他的人）在倫敦Tavistock診所與Bion一起進行了為期兩年的精神分析，每周可能分析四次。」（王盈彬譯）（參閱註三）

這是貝克特（Beckett）和比昂（Bion）的近距離接觸，當時的貝克特被一些精神症狀所擾，精神分析立基於對精神官能症的研究，往潛意識的道路前進，透過移情和詮釋，企圖建構出個案的創傷史，用來理解並處理這些浮上檯面的精神症狀。自此，在一些文獻紀錄中顯示，貝克特在他的系列作品中勾勒出的人物，以及其演出的橋段，與當時和比昂的分析歷程，有著異曲同工的呼應。甚至，後來兩個人殊途同歸的碰觸了相同的領域，也是人性中最難的位置，

「從1945年起，貝克特的小說（法文）和1950年比昂的科學著作（英文），代表了同時嘗試提取這個黑暗和可怕領域的精神內核，並使其變得可理解的嘗試。」（王盈彬譯）^{（參閱註三）}

當時的兩人，應該是無法預期自己的未來會是我們後輩看到的成就，但是有一些情感引領著他們各自彼此往前邁進，那是推動著比昂對精神分析的研究，和貝克特對文學的創作的動力來源。接下來，我將從「希望」這一個字詞著手討論，

「Schachtel（1959）為研究『希望』作為一種情感，提供了一個框架。以此作為背景，Schachtel將這樣的情感分為兩類：嵌入性情感（the embeddedness affects），其目標是釋放緊張情緒，以及活動性情感（the activity affects），這是我們渴望的、有方向性的努力。在他看來，希望既可以是一種嵌入情感，也可以是一種活動情感。如前者所言，未來情況會變得更好是對願望的期望。明天某人、某件事或時間本身，都會帶來快樂的滿足。相比之下，在現實希望的活動情感中，現在並不是一個沙漠，一個人必須在其中徘徊才能到達未來。它從使一個人的生活變得有意義，和（或）經由試圖幫助實現所希望的改變的活動中，

來獲得重要性。雖然現實的希望也指向未來，但它並沒有將重點從現在轉移到對未來的預期。因此，我們在對未來某事的本質上被動的期望，與如同在為未來做準備時，而以在現在獲得滿足的一種主動努力之間，形成對比。以希望為動力的行為，作為一種活動情感，應該是滿足於既作為達到目的的手段，也作為目的本身。」（王盈彬譯）

（參閱註四）

　　兩個人帶著彼此的希望情感連結，像是搭上了線的陌生人，雖然彼此會前往不同的未來，但是暫時的同溫互動，也就鑲嵌入了彼此的希望。從這一個希望開始，現在的互動正在發生，而這一個現在，也同時是過去的未來希望，於是過去、現在、未來，一直都是一起存在的，加入Schachtel對「希望」所整理分類，「過去、現在、未來」正以「希望」的兩種情感貫穿其間，用來處理其間的失落、斷裂、連結。

二、有一種希望，正在避免連結

　　「確定的是，當時貝克特並沒有按照比昂的要求與母親分手，而是每次見到她時都感覺痛苦，之後反而與比

昂分開，單方面決定在1935年聖誕節結束他的分析。『每次他認為自己正在好轉時，他的心臟就會不規律地跳動，他無法呼吸，他的胸部會感到痛苦。他確信自己患有心絞痛，並且隨時會死去，成為殺死他父親的同一種疾病的受害者』（Bair，1978年）。」（王盈彬譯）^{（參閱註三）}

貝克特和比昂的「希望」是相遇了，但是終究在關鍵的精神底層，經驗到了分歧的痛苦，這是屬於貝克特的黑暗大陸，不容比昂的直接進入。也可以說，比昂是給出了建議，但是這也指出了貝克特和母親之間的難題，和要處理這樣的難題的困難度，困難到無法思考，而是以治療的空間和身體的感受作為一種存放釋放的容器。明天的希望會來嗎？只要還有一絲可能，就想要再奮力一搏，那是一種信念（faith），然而希望的內容是甚麼呢？或者，這也是一種由感覺引領的道路，直通未知（unknown）。

「1946年春天，貝克特在他四十歲生日之際與年邁和生病的母親在都柏林度過了幾個星期。在一個暴風雨的夜晚，在一個港口碼頭上，他看到了即將到來的作品——一個靈感的時刻。從今以後，他決定除了他自己，不去理會任何人，要去理會自己的骯髒和黑暗，就像比昂同時開始和Melanie Klein一起分析一樣，結束了它，決心只聽自己的

話。」（王盈彬譯）^{（參閱註三）}

　　自己的痛苦和困惑，交由自己掌握，這是接近黑暗死亡的權杖，這也是貝克特的生命能量，燃燒殆盡也就足夠了。只是，由自己來執行這樣的歷程，來的踏實些，又或者可以避免掉最終必須面對的彼此的不同，因為這樣的不同，在黑暗的國度裡，是足以構成消滅彼此的關鍵線索。這是一個還能夠主動掌握管理的狀態，只是需要一個希望的容器來協助乘載其中的轉身或休息，目標尚未改變。回到當年與比昂的分開，或許並非意味著不同意，也可能是時機未到，而在醞釀中。

　　「類似地，弗洛姆（Fromm）（1968）寫了對一種更充實生活的充滿希望的期望，『事實上，這種期望可能是希望；但是，如果它具有被動和「等待」的質地，那就是沒有希望的──直到希望實際上成為順從放棄的掩護，僅僅成為是一種意識形態。』（第6頁）。」（王盈彬譯）
（參閱註四）

三、有一種希望，正在醞釀創造或是防衛

　　「我認為比昂最終信服了他的病人的文學職業，這也

是比昂帶貝克特去聽榮格，談論關於幾乎是幻覺和去人格化的退行特徵的創作靈感的原因之一。貝克特曾在不同的時間回憶這個令人難忘的演講：在他看來，創造無疑是精神疾病的一種快樂替代品。」（王盈彬譯）^{（參閱註三）}

在精神分析的領域中，症狀的存在多是在準備著希望可以消化衝突，因而運作出一種與外在現實隔絕卻同時與外在現實並存的症狀空間，讓更多的修復或消化的元素可以進到這一個空間來，於是治療師和患者以此相遇。往更原始的地方望去，症狀也多是在準備著希望填補缺陷，讓不曾擁有過的依賴和安全感，可以被填補。不論是消化衝突或是填補缺陷，都是一種創造，並且在一種被保護防衛好的環境中，不斷的進行。

「榮格的詮釋結出了碩果：『當有意識的自主性讓位給無意識的迷戀時，心靈的無意識部分的能量就會增加，這種能量會逐漸變得足夠強大，直到它超越了意識。最後，』榮格說，『病人完全沉入無意識之中，完全成為它的犧牲品。他是一種新的自主活動的受害者，這種活動不是從自我開始，而是從黑暗領域開始』（第82頁）（Bair, 1978pp.208-9）。」（王盈彬譯）^{（參閱註三）}

貝克特帶著超越比昂當時能力所能處理的材料，呈

現在比昂的診療室中。當時的榮格和佛洛依德是分道揚鑣了，帶著對潛意識的不同見解，也各自發展出了對潛意識的不同解讀，儘管當年的決裂，消長了大眾對潛意識的認知，但是不可否認，廣闊未知的潛意識有了雙方的挹注，更加豐富而多元。於是比昂可以提供貝克特更多的方向的協助，同時間，比昂也有了碰觸這一個黑暗領域的同行者。

「如果患者在治療中沒有保持或獲得積極的希望感，則可能造成的傷害多於幫助。回到我們可敬的、引人注目的分析師，她的力量來自對生活的承諾，這是她期望的明顯背景。正如Fromm（1968）所建議的，希望可以被定義為『對生命和成長的精神承諾』（第13頁）。肯定對生活的承諾的主動希望的面向，可能不是通常在所說的內容中傳達，而是在語氣的熱情中，在可能由直接和有力的言語所表明的信念強度中傳達。在分析中，這很可能通過分析師，在不知不覺中揭示的個人和專業態度，更充分地傳達給患者。對工作的熱愛、對促進生活和成長的熱情、對自己和他人的同理心、奮鬥的意願、幽默中的快樂和生活的挑戰是一些無形的東西，它們在微妙的時機和以音樂，而不是文字姿態中使自己為人所知。」（王盈彬譯）^{（參閱註四）}

貝克特和比昂是同行者，雖然有著外在身分的不同，但是同樣都是面對著心靈底層的黑暗世界，這是未知的世界，引領著的不是一張已經建構好的地圖，而是一種黑暗的氛圍，需要一種希望和主動的熱情，持續的前進，來抵抗強大想要暫停下來阻力的吞噬。

四、從黑夜到白晝，轉身等待，是一場荒謬，還是一場值得？

轉身，可以用比昂談的「caesura」來想像，那是一個休止符的概念，喘口氣的態度。當我們面對希望，背後緊跟著的是失望；相反的，面對失望時，緊跟著的是希望。但是在希望和失望之間，有個混沌的可能，要轉向嗎？可能轉向嗎？當我遇見另一個人的時候，這一個激發，會往何處去？貝克特和比昂，相遇後，各自在不同的時間軸醞釀下，在不同的領域開花結果。相遇後的等待與轉身，定下心來後的活化，這個轉身後的餘地，不是剩餘的空間，而是廣闊幽然茫然的未知（unknown）。

「比昂（1977）繼佛洛伊德（1926）之後，以出生作為『停頓』概念的原型，在這種情況下，嬰兒從子宮內到

世界外的戲劇性轉變，是在改變之中連續的可能性的模型。對於比昂來說，caesura，在音樂中是一種有節奏的停頓，一個位於兩個音符之間的戲劇性中斷，表徵著看似分離的事物之間的聯繫：生與死；日與夜；內在和外在；瘋狂和理智；過去、現在和未來……不僅僅是嬰兒從一種狀態轉移到另一種狀態，在『出生』而成為一位母親的過程中，母親，也經歷了一系列中斷——時間和空間的中斷、意義的中斷、連續性的中斷、以及邊界的中斷——所有這些都與情感和身體的邊界重組有關，因此與自體的統一性有關。正如比昂（1977）所描述的那樣，這種差距，在承載著向前鏈接的潛力的同時，也具有崩潰和突破的可能性。」（王盈彬譯）^{（參閱註五）}

有趣的是，有機會的感覺是在今晚，也是在明日。真正的機會發生卻常常是在這交界的中間，也就是這一個轉身，這是個正在作夢的地帶，夢到的內容也會有機會實質的變化，當然也可能只是一場夢，也就是說，有機會也是沒機會，但是有希望。在精神分析取向的治療中，我們也常常如此的定位，在我們不斷探索過往的今日與未來，路程中就往往會發生一些變化，讓改變的機會到來，但是誰也不敢保證，臨床經驗也是告訴我們如此。

「我們必須提供的不僅僅是一個自我觀察的『他者』，可供患者進行相互反思的互動。我們需要一張領土地圖，而不僅僅是如何駕駛汽車的知識。如果沒有能夠讓我們了解我們應該去哪裡的理論，我們就無法完全運作。理論可以提供希望的認知方面，即分析師對互動帶來的期望。這是一種引導的希望，但不足以激發靈感。這是必要的，但還不夠。它可以告訴我們很多關於我們在調動力量繼續努力之後要去的地方。對於病人和分析師來說，其他更接近希望本質的東西是一種情緒，或者在Schachtel（1959）的短語中，一種活動情感，也是需要的。雖然難以定義，但這種積極希望的存在，有時可能會將分析師與患者區分開來，並形成分析師對過程貢獻的重要方面。我懷疑，儘管患者和分析師帶來的期望從佛洛伊德時代到我們的時代已經發生了變化，但文化轉變可能並沒有改變激發靈感的東西。對於一些分析師來說，治療必須解決特定的未滿足的發展需求。其他人則認為，如果患者能夠從生活可以教給我們的所有東西中獲益，就會發生康復，因此更多地關注患者獲得新體驗的能力。如果患者能夠充分體驗現在『無人看管』的情況，患者就會進步。」（王盈彬譯）(參閱註四)

引用這段文章的內容，勾勒出分析治療的重要目標，是可以讓患者充份體驗在治療中的「無人看管」的情況，換句話說，今晚也好，明天也罷，這一個「轉身」的無人看管，會是最重要的關鍵。這一個無人看管，不是要反抗今晚或明天，而是在今晚和明天之間，有一種安全創造作夢的可能。

參考文獻

註一：Marilyn Charles(2003). On Faith, Hope, and Possibility. J. Am. Acad. Psychoanal. Dyn. Psychiatr., (31)(4): 687-704

註二：等待果陀・終局。山謬・貝克特 著。廖玉如 譯注。聯經出版社2008。

註三：Didier Anzieu (1989). Beckett and Bion. Int. Rev. Psycho-Anal., (16): 163-169

註四：Sandra Buechler PHD (1995). Hope as Inspiration in Psychoanalysis. Psychoanal. Dial., (5)(1): 63-74

註五：Atlas, G. (2016). Breaks in Unity: The Caesura of Birth. Stud. Gend. Sex., 17(3): 201-204

王盈彬

精神科專科醫師

精神分析取向心理治療師

臺灣精神醫學會會員

臺灣精神分析學會會員

臺灣精神分析學會《台南》心理治療入門課程召集人

英國倫敦大學學院理論精神分析碩士

王盈彬精神科診所暨精神分析工作室主持人

念念不忘，必有迴響

與談人：翁逸馨

　　在正式開始前，我想分享一下緣起。當初受到建佑的邀約，首先是他說「以文會友」這四個字吸引了我，接著他又說「不用什麼準備」，這六個字對於才剛生完孩子半年的我來說，真的是很誘人！於是我被拐了進來，為何說是拐呢？因為我沒想到主題竟然是我的大天敵——Bion！

　　幾年前我就像誤入叢林的小白兔，組了個讀書會想來讀Bion的東西，我很確定我有看到文字，但卻像在讀無字天書。從此我就一直努力躲著這個大天敵。面對Bion，對我來說是真的很困難的事，於是這陣子我都在努力的求生存，而我知道要在這樣的狀態下存活下來就得要找到連結或意義。而我想，也許那個連結會是榮格吧！因為我除了是台灣精神分析學會的會員之外，也是台灣榮格心理學會的臨床會員（雖然我知道在精神分析學會裡並非只有我一人有如此的雙會籍）。所以我想試著以我所認識的共時性（synchronicity）來與盈彬、Anzieu及各位

連結，看看能否連出些什麼意義。

　　盈彬提到「果陀是誰？」，在參與這項活動之前，我連Beckett是誰都不知道！於是google肉搜了一番，很快地我就被他的一篇「我在出生之前就放棄了」給吸引，而我在出生前就放棄了，這是失望還是絕望？正好呼應了盈彬的文章。而盈彬文中第一段提到：「『果陀來或不來』是一個問號，但是，『果陀是誰』也是另一個問號，更終極的是，『為什麼要等待果陀』。」在我的想像裡，果陀似乎可以是死亡、也可以是胚胎、可以是個案、也可以是回憶。但不論果陀是什麼，始終掛念著果陀來不來，這念念不忘，連結到盈彬文章的標題：轉身是餘地。讓我聯想到電影《一代宗師》的台詞：欠一個轉身。以及念念不忘，必有迴響。而果陀所迴響起的會是什麼呢？

　　果陀迴響起盈彬論希望與絕望，而Anzieu在談的是關於Beckett與Bion的兩人關係所交織出的生命發展，在Beckett中斷分析後，兩人關係如同兩條平行線，但Beckett的作品中帶有精神分析的痕跡，以及Bion後來的理論發展與Beckett的作品有所交集。這個中斷是在現實中發生，在精神層面上卻似乎沒有發生。這讓我想到caesura（休止符），Bion提到這個詞也讓我很感興趣，

但我並不是個很懂樂理的人，於是我請教了學音樂的好友後得知，原來在台灣許多人會說「劃下休止符」來表達一個結束，但在樂譜上，caesura是一個暫停與休息的符號（結束則是終止線），卻也是一個很容易被忽略但其實會需要被彈好的無聲音符，而這樣的暫停與休息，會爲整首曲子帶來更鮮明的感受，涵義也將會更明確。拉回到Beckett與Bion的關係來看，這個中斷如同休止符，巧合的是，在詩歌中的休止符是兩條平行線的平行符號，代表著兩個獨立的部分，但其實是有連結的。詩歌與音樂相同，休止符可以更強烈的表達更深刻的情感感受，我想那應該會是共鳴在內心深層未必有語言之處。

　　而caesura這個暫停與休息的空間，再接續下一段落的樂音，讓我聯想到Winnicott在1951年發表的《過渡客體與過渡現象》（Transitional Objects and Transitional Phenomena），就我的理解是，小嬰兒使用過渡客體是爲了使自己逐漸發展出有能力面對與接受內在幻想與外在現實的差異，而能保有自體的連續性經驗。因此，過渡概念最重要的意義是在小嬰兒從與母親融合的狀態，過渡到能與母親分離，視之爲外在獨立客體的狀態，這不是斷裂與決絕的關係，而是既獨立又有著微妙

的親密連結關係。

除了過渡空間，我也想到那也是一個呼吸的空間，這讓我回想起在《佛說四十二章經》裡的第三十八章「生即有滅」，佛曰「人命在幾間？在呼吸間。」呼氣如同死，吸氣如同生，每一個呼與吸都是有所間隔的，但一體兩面也是連續的。我們可以把生命視爲在呼吸之間，而在我的臨床作經驗中，我認爲也可以把分析視爲在每一次session的會面與分離之間。這麼一來，再回過頭看Beckett的分析，在他後續中斷分析的生命裡，分析自然留存於他的精神世界裡，甚至或許可以說是保有生命力的持續發酵著。

Freud在1926年前，認爲焦慮是壓抑失敗的結果，到了1926年在《抑制、症狀和焦慮》（Inhibitions, Symptoms and Anxiety）中，他認爲焦慮是與童年本能願望相關的威脅有關，並會啟動防衛功能。而童年本能願望相關的威脅像是有出生、失去作爲客體的母親、失去陰莖、失去客體的愛、失去超我的愛。Bion（1975）進一步去談關於出生這件事，從子宮內的生活到出生後的嬰兒生活，從未出生到出生之間，而Anzieu在文中介紹到Bion曾帶Beckett去聽Jung的演講，席間提到一位女

病人說「我沒有好好地出生過」。這讓我想接著介紹一下Jung的共時性概念。

　　眾所皆知，Jung曾是Freud的愛徒。Jung是在1903年讀到Freud夢的解析後十分景仰Freud，通信一段時間後倆人終於在1907年第一次碰面，然而熱烈過頭的火花也使得倆人的關係動力逐漸複雜，不久便在1913年正式決裂。倆人在理論觀點上的分歧主要是在「性」與「靈性」的部分，而靈性包含了宗教與神祕學。就我個人的感受與理解，Freud對神祕學並非不加關注，而是非常謹慎地看待，但我並不清楚Freud之所以關注，是否與Jung十分感興趣有關，畢竟在1912年Freud發表了《夢與心靈感應》（Dreams and Telepathy），以及1919年再發表《非自然》（The uncanny）。雖然Jung對神祕學那麼著迷，但他苦無方法讓自己的感受與觀察能有科學上的說服力，也因此他直到1928年才提出了共時性的概念。

　　第一份記載共時性概念的文獻是在1928年底有個關於夢的研討課程中提到（Freud當初談心靈感應時也是從夢出發），收錄在《夢的分析》裡（Dream Analysis）。1952年Jung才正式出版更完整的共時性的論文[註1]。共時性概念可以說是Jung與Pauli共同發展出

來的，他們從1932年起持續大量的書信往來，直到1958年Pauli過世爲止。Pauli是蘇黎世聯邦理學院的教授，一開始是Jung的病人，但Jung很快的把他轉給督生做治療，好讓自己可以跟督生討論Pauli的情況。不過這段分析時間並不長，只有八個月，Pauli結束分析後，慢慢與Jung成爲朋友與作夥伴，Jung倚重Pauli的專長，而Pauli也說服Jung發表共時性概念。如上所述，Jung努力的想把共時性做科學的理解，牽涉到數學與物理學，但Jung過去所受的專業訓練是生物科學，甚至Jung自己也不怎麼喜歡數學與物理學，因此許多時候是Pauli協助Jung完整共時性的科學概念。（註1：共時性：一個無因果聯繫律Synchronicity:An Acausal Connecting Principal）

　　Jung對神祕學的興趣也引領了他接觸到易經與道德經，Jung（1952）在共時性的文中引用道德經第十一章的一句話：埏埴以爲器，當其無，有器之用。這句話的意思是攪和水和泥製陶燒成器皿，因爲有中空之處，才能作爲容器之用。而老子認爲「道」的本質是無（nothing）。Jung認爲中空、「無」的概念，是共時性意義根源的所在。這個「無」也讓我聯想到André

Green的負向能力（negative capability）與Bion的無憶無欲。

　　常見的共時性解釋是：有意義的巧合與非因果性的聯繫律。也就是不具因果關係，但對當事人來說具有意義的偶然事件。也就是說，共時性具有三個關鍵要素：有意義的巧合、非因果的關聯、以及神祕性。而我想也就是這個神祕性深深吸引著Jung，並且，我不曉得會不會也與Anzieu在談論的部分有關。

　　共時性事件是基於兩種不同心靈狀態之同步發生的事件（simultaneous occurrence of two different psychic states）。Jung（1931）曾說：「治療就是相互影響下的產物……。兩個人格的相遇，就像混合兩種不同的化學物質：只要有所結合，兩者皆會蛻變……。你若不為所動，也不會有影響性的發生。」^{（註2）}。Jung所說的兩種不同的化學物質，是在呼應他以煉金術（或東方古老的煉丹術）來思考治療具有轉化性的歷程，他也在1946年發表《移情心理學》（The Psychology of the Transference）時加入煉金術的原型概念，而我認為共時性的神祕性，就在於兩種不同心靈狀態之「同步發生的事件」，並且這可能與Jung在《移情心理學》裡提到

的神祕參與（participation mystique）有關。（註2：
Jung (1931). Problems of Modern Psychotherapy.）

　　Mario Jacoby將Jung在《移情心理學》中提到的分析關係改寫為下圖：

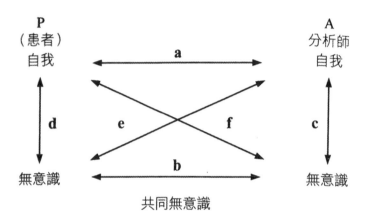

而b正是Jung所謂的神祕參與的所在，那是由無意識的同理情感共鳴所連結起來的，影響著心靈與身體，Jung將病況由病人轉移到分析師身上時，稱為「通靈」（psychic）或「無意識感染」（unconscious infection），類似於Klein所提的投射性認同（projective iden fi cation），也就是P與A的互動被認為是處於「相互無意識」（mutual unconsciousness）的狀態，對於開放或可說為「空」或「無」的心智，是能

夠產生共鳴的。

這個圖表也讓我有個天馬行空的想像，是否也可以將P視為Beckett的作品，A視為Bion的理論，我們彷彿可以看到a、e、f，但我們還想知道更多關於b的運作？

而Bion用「O」來表示當下或事物本身的終極真理，等待著被一個無憶無欲的開放心靈、空無的心智來發現。也讓我在想，共時性的意義會不會本然就在那，只是等待著被發現？以及共時性交織在人與人的關係中，是想要溝通著什麼？

翁逸馨

諮商心理師

臺灣精神分析學會會員／推薦精神分析取向心理治療師

臺灣榮格心理學會臨床會員

正念認知治療訓練講師（英國牛津大學正念中心認證）

臺北市立聯合醫院松德院區 思想起心理治療中心 心理治療專業督導

臺北市政府市民心理諮詢站特約心理師

曾任新北市立聯合醫院精神科心理師

《終局》：
尋找「不可知、不可得」的O

邱錦榮

　　比昂形容O為「不可知、不可得的終極真實」（"O" as the unknowable and the unreachable ultimate truth）。《終局》幾乎是空的舞台，這個O要表達什麼？讓我們先聯想四個世紀前莎士比亞的舞台。與莎翁合作最久的劇場「環球劇場」（Globe theatre）外觀為多邊多角略呈圓形的木材建築，當時的舞台三面環繞觀眾席，布景、道具極少，稱為「空舞台」（bare stage）。歷史劇《亨利五世》由飾演「序幕」的演員開場，他向觀眾說：「這木頭的O怎塞得下眾將士在艾津戰場的氣勢？」指的就是圓形的劇場小小的一片舞台空間，豈能演示英王率大軍長征，在Agincourt大戰法軍的盛況？莎翁藉著「序幕」之口謙卑地請求觀眾以想像力彌補舞台的不足。四個世紀之後，被英國國家劇院票選為二十世紀影響力最大的劇作家貝克特揚棄寫實劇場的舞台，轉而使用復古的空舞台。舞台極簡，但與莎劇大不相同的是，他的劇

175

本也極簡，簡化到晦澀難解。

　　根據貝克特自己的描述，《終局》是一個「非常困難而刪節（elliptical）的戲，比《果陀》更加的非人性（inhuman）」。如果一個文本充滿了刪節號，我們不禁疑問被刪除的是什麼？留存的台詞和舞台指示提供什麼訊息？作為觀眾或讀者我們可以拼湊出比較完整的劇情嗎？這部戲裡面充滿了聖經的比喻、暗示，對莎士比亞的引用，還有多種語言的雙關語，但都非常隱晦。首先劇本的名字隱射棋局（chess西洋棋）及戲劇表演（play-acting）：人生如戲，男男女女如戲臺上的演員；人生如賽局，與對手比賽，更多的時候是與自己博弈。棋局與演出在英文裡都包含戲（play）的寓意。典型的貝克特式的對比充滿《終局》全劇：死亡與生命，裡面與外面，失明和視線，坐下和站立，不育與繁衍，將腐朽的肉體（哈姆）和乾燥保存的香料（克羅夫，Clov的名字與丁香clove同音），奈格和奈歐。批評家孔恩（Ruby Kohn）指出《終局》呈現西方文明幾個大支柱的死亡，如：家庭的聯繫，親子夫婦之愛，對神的信仰，藝術的鑑賞和創造力。儘管貝克特否認自己哲學的傾向，戲中挖掘的這些主題都與人類存在的本質息息相關。

人物表

Hamm　哈姆（主人）
Clov　　克羅夫（僕人）
Nagg　　內格（奈格；老父）
Nell　　內歐（乃珥；老母）^{（註1）}

開場

Clove: Finished, it's finished, nearly finished, it must be nearly finished.

開場的第一句話就預告結束。在這裡貝克特引用約翰福音19：30「成了！」該節英譯為：

When he had received the drink, Jesus said, "It is finished." With that, he bowed his head and gave up his spirit.（New International Version）

耶穌嘗了那醋，就說：「成了。」便低下頭，將靈魂交付 神了。（中文和合本）

所以經文的It is finished接續上一節 "Jesus

knowing that all things were now accomplished, that the scripture might be fulfilled"（King James Version, John 19:28）。這是基督在十字架上嚥氣時最後一句話，人子告別人生舞台最後下場時的名句。「成了」指十字架痛苦時刻的結束，也指救贖大功完成。精確地說，貝克特故意引用聖經作爲這齣戲的開場，同時玩弄幾個文化元素：把神聖的貶抑爲低俗，把救主的救贖計劃貶抑爲克羅夫操持的瑣碎家務。刻意打破聖俗區隔，嘲弄西方的基督教文明，凸顯去神或無神的世界。

　　哈姆，一個微小的哈姆雷特，這個角色通常由一個「誇張的演員」來飾演，而英文的ham actor指表演動作誇張的演員（over-acting actor）。劇中的某一段哈姆曾經隱射莎士比亞的歷史劇《理查三世》："My kingdom for a night-man！"他以「騎士」取代「馬」，棋局、棋子的參考架構不言而喻。莎劇中理查三世戰敗落逃，呼求：「一匹馬，一匹馬，以我的王國換一匹馬（my kingdom for a horse）」。僅僅一個人物的命名就涉及多層次的隱喻。哈姆把「受詛咒的父母」（accursed progenitors）內格和內歐放在巨型的垃圾桶裡面，這個舞台呈現必須視爲象徵的手法，例如：老人

不能行動，沒有受到善待，或是退化到嬰兒階段。Clov
和glove手套押韻，英國貴族家庭的男僕伺候餐飲必須戴
上白色手套，反諷地，克羅夫伺候的是一個充滿儀式感但
處境惡劣的主人，劇本暗示很可能就是他的父親。舞台上
詭譎的三代同堂，沒有世代交替的生機：人與人的連結，
血脈關係像這齣戲其它的元素一樣很快的崩解。

　　貝克特的把這個微小世界的暴君命名為哈姆，隱射
創世紀裡面諾亞之子含（Hamm）：諾亞因酒醉赤身露
體，含召集兩名兄弟前來觀看父親的醜態，但兄弟拿著衣
服，倒著身體進去為父親遮蓋，不敢目視。諾亞醒後，
詛咒含的孫子迦南永世為奴，永遠絕望（"Cursed be
Canaan" 創9：25）。諾亞方舟的故事是聖經舊約裡一
個再生的故事，滿有神的恩典；相對的，哈姆一家的故事
卻是受到詛咒、無法再生，在風裡水裡面要淹沒斷絕的一
支血脈。哈姆這個名字承載聖經、莎翁經典等意義，這個
名字同時與英文的hammer諧音，盲眼的哈姆就是那把
錘子，他會把所有的人都視為釘子，把他們釘死。英文
的nail就是法文的clou，與克羅夫的名字諧音，而德文的
nagel與Nagg發音相似。貝克特在都柏林的三一學院主修
現代語言，特別是法文和意大利文，加上愛爾蘭是英／愛

雙語國家，這些背景促使他習慣玩弄多元文字的雙關語遊戲，對於西方觀眾而言，劇中人物名字的諧音容易引起會心一笑。

沒有任何事比不快樂更有趣

內歐說：「沒有任何事比不快樂更有趣了，我跟你保證」，她加重語氣的說。這齣戲從頭到尾沒有「快樂」可言，但是「不快樂更有趣」這個陳述或是宣告在舞台的空間裡難以真實具體的呈現。關於《終局》的詮釋，無論是劇場界或者批評界大多數都放棄喜劇這部分，略而不談，直接往悲劇發展，最後的結果是這齣戲的演出歷史顯示它舞台呈現的樣貌遠比《果陀》還多，雖然《果陀》搬演的次數應該數十倍於《終局》。在此為了串連兩齣戲，我插播一則監獄演出的經典故事。1957年，在《果陀》於巴黎首演的四年之後，這齣毀譽參半的戲曾經在美國加州的監獄（San Quentin State Prison）演出一晚，在場約有1400位監獄的犯人，他們立刻被「等待」的主題緊扣，產生共鳴，共頻。歡笑與淚水有一個共同特性──使人卸下偽裝，展露真面目。老練的劇評家及觀眾往往帶著知識

和成見看戲，這群犯人卻以赤裸的本我接納、感知舞台搬演的痛苦與荒謬，他們後來組成監獄劇團（San Quentin Drama Workshop）。1978年這個劇團製作《終局》，儘管劇作家親自下場協助，但是演出卻非常枯燥，沒有幽默而是充斥長篇大論的存在主義論述，可見這齣戲不容易演得有趣，使觀眾能笑中帶淚。幾年後到倫敦的演出，這齣獨幕劇竟然「歹戲拖棚」演出將近3個小時，而不是貝克特於1950年代寫信給導演史奈德估算的1小時15分鐘（後來他改稱一小時半）。1967年貝克特自己在柏林導演這戲，當時為了排練的方便他把獨幕劇分成16個場景，他甚至告訴飾演克羅夫的德國演員「你千萬不要拖戲，這會毀了這齣戲」。

沒有下場、沒有出路（No exit）^{（註2）}

《終局》舞台指示很多，對話之間卻缺乏連結，大部分必須依靠文本的力量抓住觀眾的注意力。這戲「黑暗的像墨汁」（dark as ink），其中一個精神官能症的主題非常關鍵——幽閉恐懼症（claustrophobia）。幕起時，舞台的一側有兩個巨大的垃圾桶（稍後一對老夫婦探

頭出來），舞台中心搖椅上坐著不能行動，盲目戴黑眼鏡的哈姆，拖著瘸腿忙東忙西的克羅夫，四個人物有三個完全不能自主行動，像是困在籠中的獸（caged beast），唯一還有行動力的克羅夫就像腿殘的隱喻，有走不出去的原因——不願意或不能。這齣獨幕劇的四個角色都自覺困在牢籠之中，完全沒有下場（no exit），劇情是一連串不斷迴旋重複的模式，重複之中稍微有一點變化，以些許的變化支撐戲劇的張力，推進的動力。但是所有的循環似乎剛剛要進行，就如同開場的第一句話，立刻宣告「結束了」。而飾演克羅夫的演員說這台詞時「語音單調」，沒有表情，就在開場直接預期落幕與故事結束。

相濡以沫

劇中三個人物都活在回憶裡，哈姆是一個講古，說故事的人，他以過去的材料做為素材，不斷累積延長他的創作故事，但是他說出來的往事可信度最低。相較之下，內格和內歐他們的回憶錄可信度高，例如他們一直回想去 Sedan 那條路上沿路的驚險，據他們的說法就是在路上摔斷了筋骨。兩老一邊回憶一邊說出這些往事，懷念所說過

的笑話，鋸木屑和甜梅。本劇灰暗的氛圍中其實有一個隱而不顯的主題——「相濡以沫」之情，有伴可以撫慰痛苦，即使煩人的同伴也帶來支撐餘生的能量。我們在現實生活中不難發現很多一輩子吵到老的伴侶，往往一個死了，另一個不久也亡故。哈姆和克羅夫這對主僕重複談論同一個主題：離開或不離開。哈姆叫克羅夫離開，但旋即又把他叫回來。垃圾桶中的老夫婦一同回憶過往，有些甜蜜可以追憶。這個戲描繪出兩組人物相濡以沫的共生狀態，既像是綑綁，又像是依附（attachment）。

語言和文字的荒原

貝克特的戲劇非寫實主義，而是象徵主義的戲劇，言語都是斷裂的碎片，不完整的陳述，甚至像是機械化自動產生的語言，停頓幾乎和有意義的話語一樣的多。他善於模擬無法清楚表達的人，像是居住在但丁《神曲》煉獄（limbo）的幽靈內心的獨白，充滿了瑣碎無益的喃喃自語，每個人都與身體的不適共存，等待到底（wait it out）。哈姆曾說：「這個空間的空牆之外是另一個地獄（the other hell）」，也意味著無論這裡或那裡都在永

恆的悲慘中，不能脫身，沒有出口，不能下場。這是一個死寂的狀態，貝克特透過看似悲慘的人物，以散文的筆觸表述形上學的抽象概念，他創造的世界是一個隨時都從中心往外逃逸，去除意義的世界，如此的戲劇畫面是語言和文字的荒原。

　　這齣戲是一則求生不能求死不得的寓言故事，像是一個繩環，開場和結束永遠地相扣，不肯落幕。哈姆好幾次宣稱他想要結束，但是立刻承認自己做不到；克羅夫每次都說要離開，甚至賭咒發誓地要離開，但是每一次又回到原點，回到同樣封閉的空間。內歐是四個人物中唯一死在舞台的角色，似乎由於她理解生命的荒謬狀態，所以可以得到解脫；解脫在這個煉獄猶如得到祝福。貝克特在「人設」上也呈現同樣的循環的存在狀態。哈姆有強迫性的需要，如：佔據空間的中心位置。開場的時候克羅夫質疑：一顆顆的穀粒如何能成為一堆？稍後哈姆以比較抽象的方式考慮相似的問題：一刻刻個別的時刻如何能串成一個人生？兩個比喻其實都互通，答案是：連結成一個「不可能的人生」（impossible life），沒有連續性意義，只有個別時刻的集合，直到死亡終結。

結語

　　為了和薩所羅蘭的伙伴探索文學與精神分析的介面，重讀《等待果陀》和《終局》。1990-91年我在美國密西根大學訪學期間，曾從學於貝克特專家Enoch Brater教授，旁聽他的「現代戲劇」課程一整年。近日我帶著他的書(註3)去做右肩膀沾黏的復健。在復健師替我做徒手治療的拉扯中，撕裂的痛讓我幾乎停止呼吸，突然瞭悟貝克特所寫的虛無（void）。二戰（WWII, 1939-45）之後劫後餘生的作家，面對世界的荒蕪，在無可如何、不知如何的氛圍中，他以近乎音樂的語言，透過劇場傳達等待——沒有意義，沒有目的，去神化的等待，是一片荒原！如果所有的苦難只能忍受，沒有盡頭，等待的宿命唯有荒謬而已。幸好我的等待有盼望，每一次忍受刺骨的痛都使我的關節開合更靈活一點點。我想像：如果身處的世界沒有理性，沒有邏輯，如：兩次世界大戰的浩劫，猶太大屠殺，南京大屠殺；如果個人內在的小世界沒有盼望，如：跨不過的門坎，或者與我所在的復健科只有一樓層之隔的「安寧病房」，那兒醫不好的病人，每一呼吸之後都在等待停止呼吸。這一切，如何從了無意義的現實感，從no-

185

thing建構賴以存活的意義？

極簡的舞台

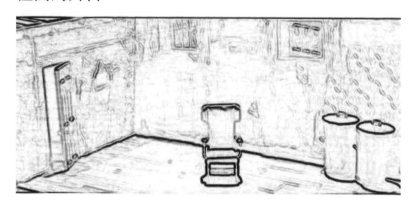

人物像是困在籠中的獸

餘生—餘地

註1：人物譯名參考廖玉如譯註《等待果陀‧終局》。台北：聯經，
 2008。括弧內是作者認爲較貼切的譯法。

註2：No Exit《沒有出口》是尚‧保羅‧沙特（Jean-Paul Sartre）
 於1944年創作的法國存在主義戲劇，該劇以三個發現自己在神
 祕房間中等待的角色開始。作者借用這個劇名描述《終局》人
 物的困境。

註3：*Ten Ways of Thinking about Samuel Beckett: The Falsetto of
 Reason*. London: Methuen Drama, 2011.

邱錦榮

臺灣大學外文系名譽教授

前臺大文學院副院長

前臺大外文系系主任

《終局》荒原：
結束了，已經結束了

黃守宏

　　《終局》裡哈姆是主人，而克羅夫是僕從，內格和內歐是哈姆的雙親，這四個人在一個封閉的房間裡，房間外則是一個被宣稱已死了的世界，這個房間被解讀為一個避難所，哈姆看不見，無法起身，只能坐輪椅，而克羅夫則可以走也可以視物，但無法坐下，內格和內歐雙腿在一次出遊騎車時斷掉，被哈姆放在垃圾桶裡，哈姆對二人有著強烈的恨意，尤其是對內格，不過仍保有對以前能行動和美好時光的記憶，只有克羅夫可以搆到櫃子，可是只有哈姆知道鎖的密碼，只有克羅夫可以看到窗戶外面，可是他需要哈姆告訴他什麼時候看及看向那裡，四人之間出現許多荒謬的對話，許多都讓人丈二金剛摸不著頭腦，都透露著強烈的絕望及失落的感受，就是這樣的元素拼湊起的一齣荒謬劇。

終局（Endgame）

克羅夫：結束了，已經結束了，快結束了，一定快結束
　　　了～～～
哈姆：輪到我表演。舊的止血布，有人比我還－更悲慘
　　　的嗎？～～愈偉大的人就愈充實，也愈空虛。克
　　　羅夫！不，孤單地。什麼夢啊！那片森林啊！夠
　　　了，是結束的時候了，在這避難所也一樣，然而
　　　我猶豫不決，我猶豫要……不要結束。
哈姆：～輪到我表演。最後的牌局，在很久以前就輸
　　　掉了，再玩再輸，最後仍是吃敗仗～～平手
　　　了。～～我們來了。再那樣侷促不安，我就要去
　　　攤牌～～現在就像永遠，以前時間看似無限，現
　　　在時間結束，考慮結束，而故事結束了。～～舊
　　　止血布，你……還留著。
（取自：廖玉如譯，聯經出版社。以下皆同版本，不再另
行註明。）

　　一場荒謬劇的開始和結束，彼此呼應著，也循環著，
看似結束的沒有結束，終局在英文中是Endgame，指稱

189

的是在棋局中最後可預測的階段，可預測？人生的可預測是什麼？必然是死亡，人生本來就是荒謬一場，出生便朝向死亡，不是要死、也不是想死，而是必然死亡，這就是荒謬之所在，佛洛依德的本能理論發展經過幾次更動後，最後為生之本能與死之本能的二元對立論，所有的有機生物體都是朝向死的方向前進，而生的本能則是讓過程精采豐富。劇的結束於「你還留著」，克羅夫仍在場上，也許，接下來克羅夫會再次講出一開頭的台詞，整齣劇再次重複循環，如同莫比烏斯環一樣；德里達（Derrida）對於荒謬劇的理解是：一種自我毀滅性的語言，言語和自身的關係是消極的，如此的形容十分抽象，我們可以先把它當作前概念般的存在，待看完了貝克特的劇本後就可以接近這個形容了。

比昂和貝克特：

衆所週知貝克特接受比昂為期快二年的治療，之後二人未再聯絡，但是二人的思考方式卻很相像，治療快要結束時，比昂帶著貝克特去吃晚餐，並一起去聽了榮格的講課，其中內容講到一個女生病人說「我沒有好好地出生過」這句話對貝克特造成了很大的影響，如上所述，二人

治療結束後未再聯絡，但是二人思考的方式及思考內容中間似乎存在著一個連結，並隨著年紀增長更明顯，有人稱他們二人為想像的攣生子（imaginary twins），這是比昂的一篇文章，主要是在講述某一個個案的治療中，他慢慢察覺到個案的對話好像都是對著一個想像的角色，那個角色是人格分裂下的產物，比昂把這個現象稱之為想像的攣生子，後面有人去推斷這個個案可能就是貝克特；在貝克特的一些著作中，可以看到比昂的影子存在，像是某些角色的名稱；貝克特沒有學過精神分析的理論，但《終局》可以看出他和比昂的思考有多麼雷同。

貝克特：

相傳，貝克特一開始協助一個作家喬依斯打字，有一次，喬伊斯請人進家裡時說的話被貝克特打了進去，後來，喬依斯決定把這句話留下來，貝克特覺得這樣的方式很有趣，而成為他的寫作風格之一。以下是David Mayers對這部劇的解讀：《終局》是一個很好的地方來檢視大家對貝克特的觀點：他是失敗主義代言人，他對世界充滿絕望，而且這個世界所有的感覺都被摒除在外（荒原），的確，在這部劇作中，充斥著大量無盡的失落、失

望、挫折及苦痛，然而這非他所描述的全部，試想他如何滑稽地去處理，在劇中可以看見一些細微、尋常的良善及同情；他精準地描述方式反而鼓勵我們不去屈服於這些絕望的感受，他最知道如何認知這些感覺而不投降。的確在看完這個劇的劇本後，會有很絕望的感受，可在其中卻又有著活生生的力量在裡面，像是內歐的登場詢問說「是作愛的時間嗎？」，還有像是內格和內歐二人在談論協力車撞壞時，雙腳就斷了的場景，搭配的是二人的大笑，的確可以感受到絕望和希望的一種混合感受。

荒原中時間的沒有意義

哈姆：幾點了？

克羅夫：跟平常一樣。

哈姆：一天結束了，像其他的日子，不是嗎？

內歐：為什麼這些荒謬的事，日復一日？～～噢，昨天！

克羅夫：為什麼這些荒謬的事，日復一日？

哈姆：我們自己……在特定時刻……想想可能不是全無意義！～～很久以前，很久以前～～～～那這一天又像任何其他日子了。～～這鬧鐘還可以用

嗎？～～你是指我的編年史（chronicle）？

　　時間在荒原是無用的，甚至這個空間也沒有意義，我們知道在潛意識的世界中是沒有時間性的，也沒有空間性，或者更精確地說，時空在潛意識中的狀態很複雜；在希臘神話中，宙斯的父親是克羅諾斯（Chronos），是個泰坦巨人，而chrono代表的是時間，由於可見時間的重要性，然而，時間對人的重要性在那裡？人在出生後，面臨內在的驅力，需要得到滿足，然而這驅力的積累到滿足之間會有時間的落差，時間也因此才出現了意義，有了這時間差，內在空間因應而生，有分析師形容這個狀態像是宇宙起源的大霹靂（Big Bang）一樣，在荒原中，時間則回到了像是原初的狀態而沒有意義；而這時間和空間的重要性隨著成長則會交棒給思考，根據比昂的思考理論，thinking像是個思考的裝置，思考本身則是從挫折中衍生而出。

　　比昂假設思考是來自於前概念（pre-conception）並未發生和實現的相遇，而是挫折，不過當然前提是可以忍受挫折的能力才得以產生思考；簡而言之，延宕滿足的時間及容納挫折的空間是思考產生的必要元素，因此，

193

我們可以說思考的本身蘊涵著時間和空間的意含，David Mayers在「Bion and Beckett Together」中提到如果我們用比昂的前概念來看貝克特的文章，我們會發現更多豐富的新觀念，反之，我們也可以增進臨床比昂所指涉的能力，這裡，我想提一下比昂前概念的理論，比昂是借用康德的空洞思考（empty thought）來解釋，比昂認為先構想法是一個表達預期的元素，關連到狹義的現象，像是空洞的思考，就是未飽合，像是天生乳房的前概念，或是語言、文化所賦予的；前概念的存在是等著真實的經驗來填滿，當前概念在現實中實現了，則會飽和成為概念（conception），而概念本身可以再以一種很像前概念一樣未飽合的型式來接受更多的可能性，這就是思考的空間性。

回到David Mayers所說的用前概念來看貝克特的劇可以發現更多，就較能夠想像是什麼意思，就是帶著開放的態度，不飽和的內在，如果我們用邏輯、因果或是現實的角度來看《終局》的話，像是怎麼可能有人可以住在垃圾桶裡、世界末日下人類怎麼可能繼續生存、食物如何供給等等，那麼只會剩下荒謬的感覺，無法從中感受更多，那些邏輯、因果或是現實都是屬於次級歷程，如若我們

用次級歷程來接觸次初級歷程，就需要Mayers所說的前概念的姿態來接近，也許這可以和負向能力（negative capability）作一部分的接軌。

此外在David Mayers的文章中也有提及讀貝克特的文章或是「聆聽」貝克特（他本身精通許多語言），很像我們在診療室中從不同的觀點去觀察被分析者，讓我們去感知一個過程：從注意、觀察，經過意義的浮現到了解，比昂的"No memory, no desire"指的是記憶企圖說服我們有正確的字，因為它曾經是正確的，這很像我們在診療室中聆聽個案重複表達時，治療師的記憶會翻湧而出，反而阻礙了新的理解，下一段也有些許的表述。

The state of mind跟世界末日

比昂認為治療師在治療室中，不是作為一個角色，而是一個心智狀態；這個狀態是比昂十分強調的一種態度，他希望治療師可以在治療中擺脫記憶、擺脫慾望，（無憶無慾）同時抵抗想要依賴理論及理解的誘惑，那個狀態和睡眠相去不遠，只差一點點，他稱為"being just above sleep"，Mayers還談到在Whitelaw的描述，她和貝克

特一起製作戲劇，她說貝克特從來不希望她去扮演任何一個角色，反而希望她可以作為「心智狀態」（the state of mind），她同時也說即使她不懂得貝克特的文字，但她總是可以理解貝克特想傳達的感受，在這裡我們可以思考一下什麼是理解，抑或者是表徵系統可以用以理解荒原嗎？或許我們可以這麼來區分，在房間裡的人事物及對話是有表徵系統，是可以被詮釋或理解的，而在房間外的世界末日則沒有表徵系統，是無法被詮釋或是理解的。

克羅夫：～～很久以前，在這他媽的可怕的一天以前。我用的字是你教我的，如果他們再也沒有任何意義，那就教我別的，不然就讓我保持沉默。

哈姆：我曾經認識一個瘋子，他認為世界末日已經來臨了。他是個畫家和雕刻家。我非常喜歡他，我以前常去找他，在一個瘋人院裡。我拉著他的手到窗戶旁。看！那裡！全是正在生長的小麥！～～他甩開我的手回到他的角落，一副被驚嚇的樣子。所有他看到的都是灰燼。只有他存活下來。被遺忘。這件事顯得……不是那麼……那麼不平常。

克羅夫的用字是哈姆所教，卻也被侷限住了，無法開展出更多的空間，這像平常在討論精神病的病人出現的固著性思考（concrete thinking），回到上一段對於前概念和概念的想法，可以想像在使用字的時候，必須要留有空間，才有可能裝進新的思考，這是瘋狂的一種展現，因此，那瘋人院裡的畫家瘋子才會對外面的世界視而不見，只堅持著，「世界末日」，世界末日可以說是理性的終結之地。

荒原這個詞彙可以有很多想像，人從荒原開始，在其上開墾，建立了秩序，這個秩序是語言、文字、邏輯等，是屬於次級歷程的，但當然仍存在著化外之地，如果已然的秩序再破壞，那就不一定會是原本的荒原而是世界末日，這裡我們可以用溫尼考特的未整合（unintegrated）和去整合（disintegrated）來想像，未整合的荒原和去整合的世界末日；英國詩人艾略特的「荒原」，是在他崩潰療養期間進行初稿的創作。

2002年Paul Schimmel的文章〈In my end is my beginning: T.S Eliot's The Waste Land and after〉中描述了這一個過程：由於穩定關係的喪失和破裂，艾略特重新回到了自己身上，也失去了自省的能力。從相對穩定

的心理整合狀態到非整合狀態的運動，在Bion的符號運動D→PS（Bion 1984）中，是新的整合狀態（PS→D）出現的先決條件，艾略特在荒原之後的探索之旅可以解釋為他需要面對空心人中描繪的情感孤立和內心空虛的狀態，以及在他自己內部為新的情感整合而進行的緩慢鬥爭。

哈姆：假想一個理性的生物回到地球，如果他觀察我們夠久，不會有個念頭自然而然地進入他的腦中嗎？（理性生物的聲音。）哦，好，現在我知道那是怎麼一回事了，對，現在我了解他們在幹什麼了。～～想想可能不是全無意義。

克羅夫：我身上有跳蚤。

哈姆：跳蚤！還有跳蚤？～～跳蚤！真可怕！什麼日子啊！

　　對比昂而言，精神病狀態是個思考疾病，無法把情緒經驗心智化，也無法進一步處理，在這種狀態下，alpha-function被攻擊，只留存了beta-elements，如此一來接觸屏障（contact-barrier）消融，意識和潛意識的界限

消失，病患仍可以清楚地說話，只是只有單一面向，沒有其他含義，沒有思考可以從中浮現，就是剛才所說的固著思考；閱讀《終局》時，很有這樣的感覺，彷彿待在精神病狀態下，哈姆和克羅夫的互動包含了分裂的能力及功能。分裂的客體、功能和能力，是在描繪著內在精神病的世界（psychotic internal world），他和克羅夫的關係很複雜，哈姆把所有執行的功能都交付給了克羅夫，卻也製造出了一個潛在的競爭者。

　　精神分析的歷史脈絡一開始是精神官能症的人身上作為起點，到了1950年代，開始注意到極端的族群，就是精神病患者，在佛洛依德分析史瑞伯法官自傳時，同樣的有出現世界末日的妄想，那是一個能量完全撤回到自身的狀態，佛洛依德稱之後自戀狀態，外在世界已經全然沒有旨趣，《終局》裡在世界末日裡的一方小天地，不就是這樣原慾全然撤回的體現嗎？如此而進入一種假性全能的狀態，哈姆的受苦是全能的，不過他的全能也是如此不堪一擊的，想到跳蚤就讓他焦慮，意謂著即使最小的新生命對他而言也是巨大的威脅；村上春樹的小說中「世界末日與冷酷異境」中也可見一般，如果和外在的聯繫切斷，則就會待在世界末日裡，就是理性的盡頭。

另外，還有一部三部曲小說《羊毛記》，描述的也是在世界末日下，人類待在保壘中，無法和外界接觸，如果離開就是死路一條，就像是《終局》裡克羅夫要離開的想法及動作也被設定了死亡的結局一樣，然而《羊毛記》中的最後顯現的是即使在保壘中可以持續生存，但走出去才能回復本來生活，不過走出去是冒著風險的，這也符合了佛洛依德論述史瑞伯法官時所說的，精神病症狀是一個恢復的過程，因為雖然是種病態的投射性認同的產物，但是至少方向性是向外的，和外在世界是關連著的，而非完全沒有連結，但當然也是有風險的。

　　阿爾比評論貝克特的作品都有社會和政治內容，就是要用來改造人們，使人們對世界了解地更深透；二次世界大戰後，雖然戰爭已經結束，但它的餘波仍存，影響甚鉅，讓很多人反思，我們似乎很難用死亡本能來理解這一切，荒謬劇同時也在這樣背景熱度高了起來，承載的是人們對戰爭發生的不理解，佛洛依德的精神分析是人類的第三大打擊，看到主宰的從來不是以為的理性和意識，又或許人類的荒謬、不理智、殘暴是更大的真相，更大的打擊。

　　借用在《終局》裡哈姆說故事時的台詞：我不知道。

我腸枯思竭，這個曠日廢時的創意性工作；我已絞盡腦汁，最後，在這些生死議題、意義思考的過程中，讓我想到了國中時國文老師教授的鄭板橋的道情十首之二，以此作為《終局》的分享：

「老樵夫，自砍柴，捆青松，挾綠槐，茫茫野草秋山外，

豐碑是處成荒塚，華表千尋臥碧台，

墳前石馬磨刀壞，倒不如閒錢沽酒，醉醺醺山徑歸來。」

參考文獻：
1. David Mayers; Bion and Beckett together, 2006
2. Rudi Vermote; Reading Bion
3. Paul Schimmel; In my end is my beginning: T.S Eliot's The Waste Land and after; 2002

從「不懂」開始，向「不懂」走去
——終始、死生、與荒謬的隨想

與談人：徐溢謙

我的文字，結束才開始。
就像個案報告，談完才有得寫。

接到邀請參與「以文會友」這個工作坊擔任回應人，構想議題是以談論Bion和諾貝爾文學獎的貝克特的《等待果陀》和《終局》爲內容。聽完邀請人的說明，似懂非懂地就答應了。針對貝克特的《等待果陀》和《終局》搜尋了一下，發現更不懂！光是看了主角人物的介紹與場構的描述，就感到無從思考。

在聯繫工作坊事務的群組中，蔡醫師說：「我們都在努力中，想要在不懂裡活下來。」這句話安慰了我因不懂而生的不安，於是做了個大膽的決定：既然不懂，不如把這場回應的任務視爲一個臨床的個案現場，我帶著不懂來「接案」，看看自己坐在週日工作坊的面前，會聽到什麼、會「懂」些什麼。

在網路上搜尋以及看到了守宏的文章後，有了一些隨想：劇中對話透露出的無終無始，彷彿無死無生——生死從來不是兩件事，就像die這個動詞沒有進行式，所以dying其實是living——以為談的是「結束」，其實講的是「臨終」，只要還沒死就是活著——在治療室裡，只要還沒結案就要繼續纏鬥！只要會談還沒結束，50分鐘都是人生！無死之生就像一齣不會有結局的戲，於是即使是喜劇中那些幸福快樂的片刻，也不會是最終確定的——漫長的分析取向心理治療，雖是為了活著而做的努力，但是當病人問何時可以結案、結束治療，而我予以沉默、安撫、介入、詮釋等，不論做了什麼或不做什麼，就是沒給一個痛快的答案，這對他而言會不會也是一場「彷彿沒有終點的戲」？這場努力為求生而進行的治療，會不會也在希望中，帶來絕望？

回到工作坊。這大膽的決定，終究也是個為難自己的決定：這段準備期間（說是「準備」，更好說是「沒有準備的準備」，或是「準備好沒有準備」，而這些是一種怎樣的心智狀態呢？）想到工作坊在即，有時還是會緊張不安，於是問了邀請我的明智「回應人究竟要做什麼？當天進行的方式？」——這段期間，等待的果陀在哪裡？

——眼前的個案在說些什麼？要怎麼幫他好起來？我能不能接得住他？專業上的自我期許、世俗的生活能否繼續賴以維生下去？——等待中，其實盡是疑惑、失望、懷疑、絕望的反覆交織。——我好擔心這樣的沒有準備（「沒有準備好『沒有準備的準備』」或是「『沒準備好』沒有準備」），以文會友工作坊的當天會開天窗！自以為大膽的嘗試，彷彿凡事都當作是人生一部分的豪氣，在想到「回應人回應十分鐘」時，似乎洩氣了。「十分鐘」是個我不能決定的框架，就像是被一個來自天上謎樣的聲音說「你的人生只能活十分鐘！」也像是與病人之間約定「我們只談12次」，我好像就也得因此必須為了這十分鐘的回應與12次的會談積極做點什麼———一旦積極，不懂也要裝懂！但其實我沒那麼懂BION與貝克特，也沒真的那麼懂我的個案，會不會治療中那些自以為有理論思維的對話，盡是無厘頭的語言交錯罷了？是一齣發生在諮商室裡的荒謬劇？治療室裡的這齣荒謬，會不會也宛如二次世界大戰後留下的滿目瘡痍在西方人心中留下的精神危機一般，也在反映著一種治療關係的滿目瘡痍所帶來的精神危機呢？同時也因為工作坊設下的「十分鐘」的回應時間是有限的，還是必須先整理一點什麼在這十分鐘裡說說——

是否就像個案終究很可能會結案，所以我還是得在這場荒謬中擠出一點療效？——滿腦子這麼多念想與感受，該怎麼「無憶無欲」？那個BION描述為 "being just above sleep" 的心智狀態，只比睡著清醒一點點的狀態，容得下這麼多複雜的心思嗎？

那個只能坐在椅子上、失明的主角HAMM，像極了在治療室裡面對病人的我——受訓為節制、注意行動化，要能看懂眼前的病人（但常是有看沒有懂），像是個塞滿理論肉泥的加工食品（比HAM多了個M——腦中的理論比火腿塞得還滿）；而眼前看得見、走得動、但無法坐下的CLOV，像是少了個E的丁香（CLOVE）。話說丁香（CLOVE）可用於治療胃部不適、腸道脹氣、噁心與嘔吐，作為化痰劑讓痰更容易咳出，治療腹瀉、疝氣和口臭——丁香幾乎萬能的用途與功效，把口腔期、肛門期、性器期都照顧到了。但CLOV缺了個E，就像是缺了功效（effect）的丁香，也像是前來接受治療的病人也缺了什麼，不能正常運作，所以成為了治療室裡的病人。然而治療師（HAMM）沒有E，CLOV無法從HAMM的身上獲益（獲E）讓自己成為丁香——用途與功效齊全的存在；治療師（HAMM）也無法從病人（CLOV）的行動中，

反映出自己存在的價值——「但我們還在一起找E……，這令人好絕望！」又或者是，「這令人好絕望！但我們還在一起找E……或許還有點希望！」就像HAMM與CLOV在劇本開頭的對話中，揭示的一種相互依存又彼此折磨的關係：

> HAMM：爲什麼你要和我待在一起？
> CLOV：爲什麼你留著我？
> HAMM：因爲沒有別人了。
> CLOV：因爲沒有別處了。

最後以美食作爲結束。記憶中西餐似乎有這麼一道料理：丁香烤火腿。作法：將丁香粒直接插入帶皮火腿，插好插滿，再送入烤箱烘烤。據說香味特殊迷人～——治療室裡的火腿與丁香，會是《終局》裡相依相厭的主僕？還是猶如烤箱裡燒炙中、等待熟成得恰到好處時準備上桌的美味料理？——而這一切能期待嗎？應該期待嗎？「只比睡著清醒一點點」的火候如何拿捏？還是根本，「丁香烤火腿」是一個引人入勝的陷阱，誘引著人們往那裡走去。
——丁香與火腿、治療師與個案，之間的可能性，或許才

要開始。

參考資料
《等待果陀、終局》（Waiting for Godot & Endgame），作者：山
繆・貝克特（Samuel Beckett），譯者：廖玉如，聯經出版公司。

徐溢謙

享受美光心理治療所臨床心理師

財團法人彩色盤教育基金會特約臨床心理師

特殊教育專業團隊臨床心理師

臺灣精神分析學會準會員

ACP中華國際人才培訓與發展學會認證資深園藝治療師

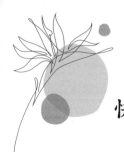

《終局》絕地：
快要結束了，應該快要結束了

劉玉文

在空蕩的房間裡，克羅夫拖著僵硬蹣跚的步伐，先有一段儀式般的定點檢視，然後掀開哈姆身上的被單，看著哈姆還在睡似的，克羅夫面對觀眾：「結束了，已經結束了，快結束了，一定快結束了。穀物疊著穀物，一粒接著一粒，一天，突然間，聚成了一堆，一小堆，難以置信的一堆。我再也不能受懲罰了。我現在就到我的廚房，等他吹口哨叫我。」坐在椅子上的哈姆醒來，拿掉覆於臉上血跡斑斑的手帕，開始一段獨白。有人比我還更悲慘的嗎？當然，以前有，但是現在呢？我的父親？我的母親？我的……小狗？噢！我倒相信他們所受的苦已經是生物的極限了，但那就表示他們受的苦跟我一樣嗎？當然。不，所有生物絕對是，（驕傲地。）愈偉大的人就愈充實，（停頓。沮喪地。）也愈空虛。……夠了，是結束的時候了，在這避難所也一樣。然而我猶豫不決，我猶豫要……不要結束。……上帝，我累了，睡一覺就好多了。（吹哨子，

克羅夫立刻進來，他停在椅子旁。）你弄髒了空氣！幫我準備好，我要睡覺了。（取自：廖玉如譯，聯經出版社。以下皆同版本，不再另行註明。）（P.132-133）

　　在開始談論之前，我先摘錄克羅夫和哈姆在劇情一開始的對話，因爲這段話很經典的呈現他們的狀態。然後我開始做了一個舉動，我篩除了許多括弧，括弧中是在說明劇中人的動作，還有停頓狀態的標註。還記得當我第一次閱讀文本時，這些括號對我形成不小的干擾，讓我很難有連貫性的閱讀，每一個括弧內標註的動作或註明話語間的停頓沉默，都形成一種打斷的效果。我需要再返回追溯前面的文字才能判讀與理解。這個開始已經讓我感受到過去對現在的影響，過去的體驗，讓我再將這段文字要重現出來時，產生了要整理這些干擾的意圖。這個精煉的處理，看似要更容易閱讀，卻也在消除某些繁雜或重複的內容和形式，已經離開作者原本呈現的方式，成爲了另一個版本。而在生命中許多艱難的時刻，我們也有著趨樂避苦的現象，但實情常是想離開內在的紛亂，卻束手無策而且動彈不得。

　　貝克特的《終局》這個篇章描繪人與世界的關係，開展在哈姆、克羅夫、內格、內歐的四人關係中。生命的

荒謬展現在想要結束、等待結束、幻想結束、和等著被結束的過程中，既期待分離又無法到達的進退兩難，想要存活卻往死裡去的矛盾。劇中的角色，會讓人感受到自己和他者，還有自己和自己的關係是處在半死不活的狀態裡，哈姆和克羅夫心中的絕地是什麼樣子？內在陰陽能量的升降消長在意識中被捕獲之後，說出的詮釋又把我們帶向何處呢？我引用一段沙特對《異鄉人》的評論打開一個空間來探索，沙特：「荒謬首先展現在一種分離：人追求合一，而精神和自然無法克服二元論，這是分離；人追求永恆，而自身的存在確有其侷限，這是分離；人的本質就是『關注』，然而他的努力都只是徒勞無功，這也是分離。死亡、真理與人類無可化約的多重性、真實的不可理解特性、偶然，這些都是荒謬的幾個端點。」（取自邱瑞鑾譯，異鄉人，漫遊者文化）

　　比昂也提到了許多共存的世界，如有意識—無意識；心身（psychesoma）；醒著—睡著；過去—未來；產前—產後；做夢—覺醒的生活；分化的—未分化的。在他的論文Caesura（1989）提到這些世界沿著不同的向量移動，這些向量可能會相遇，也可能不會相遇，這些變化是不可預測的如同蛇和梯子的遊戲。Caesura可以被看作

是一個分岔點、一個出入口，是不同世界的交匯點，在那裡可以與雙方或向量接觸，當在認識心靈實相的路途中持續「朝著不可知的本質且恆常不斷連合」現象中移動，一種實現穿透兩個世界的語言便會發生。（參考Rudi, Reading Bion，p.132-133）

忍不住化身一隻固執的筆　獨自遊到底

　　作者貝克特曾有嚴重的焦慮症狀，這嚴重的焦慮常是突發的，明顯的心律失常、盜汗、顫抖、恐慌、呼吸困難，最嚴重的時候甚至處於完全癱瘓的狀態。從哈姆和克羅夫、父母共處一室的角色設定和多元的主僕、親子、伴侶關係鋪陳，看到當生命來到盡頭，處在沒有希望的絕境，和要結束一段關係時的糾纏至極，皆來自貝克特生命的體會，也藉此將更原始的，例如在子宮的痛苦的意向傳遞出來，而且在兩人對答中也有許多投射性認同的心理機制在運作。同時，他將絕望時仍繼續前進的反抗精神，透過《終局》做出深刻的描繪。

　　貝克特27歲時曾找比昂做精神分析將近兩年的時間，每週見面三次，年老時他回憶說：「我過去常常躺在

沙發上，試圖回到過去。我想它可能確實有幫助。我想這也許幫助我控制了恐慌。我確實想起了一些關於在子宮裡的特別記憶。子宮內記憶。我記得感覺被困住了，被囚禁了，無法逃脫，哭著要被放出來，但沒人會聽到，沒人在聽。我記得我很痛苦，但對此無能為力。我過去常常回到我的住處，寫下發生了什麼，我想出了什麼。從那以後我再也沒有找到他們。也許它們仍然存在於某個地方。我認為這一切都幫助我更好地理解了，我在做什麼以及我的感受。」（引至Mahon, E. (1999) Yesterday's Silence/An Irreverent Invocation of Beckett's Analysis with Bion.）治療結束後，貝克特和比昂他們從未見過面，也沒有通信，然而他們的想法卻沿著不可思議的相似路線前進，隨著年齡的增長，這種聯繫變得越來越明顯。

由前述Caesura的概念，我們對比昂回答問題的方式有多一些瞭解，對於看似和問題無關的主題，他會進行長時間的聯想繞道，著重在雙方破裂或是思維缺口之間的聯繫現象，讓這些主題之間發生相遇，展露出還有其他方式來看待和思考的可能性，也因此他「看到不斷的連合」，而不僅限於精神功能維度的因果關係、敘事連結和推理（參考Rudi, Reading Bion，p.132-133）。Mahon,

E.（1999）曾透過對貝克特與比昂分析片段的理解，想像貝克特與比昂藉由「昨日的沉默」的話頭作為引子，來呈現兩人關係在交會時所帶給各自的迴響。以下，我們就以《昨日的沉默》第一幕第二場和《終局》的劇情相互參照來談談。

有一種信念的疾病 叫懷疑病

貝克特　昨天的沉默。它持續了多久？明天會有沉默嗎？我們可以指望這一點嗎？這就是我們昨天離開的地方。

比昂　　我記得。你懷疑過嗎？

貝克特　昨天的沉默它持續了多久？明天會保持沉默嗎？我們能指望嗎？那是我們昨天停止的地方。

貝克特　現在有些事情你可以依靠了。懷疑，懷疑的疾病。我想一定有一種信念的疾病。

　　貝克特持續想澄清的是什麼？反覆的詢問是在重複經驗什麼呢？佛洛伊德認為「患者沒有回憶起任何他已然忘記與潛抑之事，卻用行動表現出來。使它重現，並非作為

記憶而是作爲行動；他重複它，當然，是在不知道正在重複它情況下爲之。例如，患者不會說他記得，過去對他父母的權威如何的叛逆與批評；相反地，卻用那樣的方式對他的醫生表現出來。他不會記得，在他嬰兒時期的性研究中，如何進到一個無助絕望的僵局；但是他產生一堆奇怪的夢與聯想，抱怨任何事情都無法成功，並且確定，他命中註定絕對不可能完成所承擔之事。

他不會記得，曾經強烈地恥於某些性活動並害怕被發現；但是他清楚，他恥於現在著手的治療，並努力對每個人隱藏。族繁不備載。……這些重複的、在移情中展現的行動中，我們被牽引著走在這條通往喚起記憶的熟悉道路，在阻抗被克服後，記憶會毫無困難地、如同它們曾經那樣地浮現。」（王明智中譯，引至Freud, S.（1914）Remembering, Repeating and working-Through.）

克羅夫　　才把你搖醒。
哈姆　　　那又怎樣？
克羅夫　　我不能每隔五分鐘把你搖醒，又把你弄上床，我還有事要做。
哈姆　　　你看過我的眼睛嗎？

克羅夫　沒有。

哈姆　　我睡覺時，你從來沒想過摘下我的眼鏡，看看我
　　　　的眼睛嗎？

克羅夫　拉開眼皮？沒有。

哈姆　　這幾天我會秀給你看。他們好像全變成白色了。
　　　　幾點了？

克羅夫　跟平常一樣。

哈姆　　（向右窗比個手勢。）你看過了嗎？

克羅夫　看過了。

哈姆　　怎樣？

克羅夫　空的。

（取自：廖玉如譯，終局，聯經出版社。以下皆同版本，
不再另行註明。）（P.133）

　　什麼是信念的疾病，貝克特想說的是他缺乏相信的能
力嗎？回到生命更早期，一個可靠穩定的環境能夠讓嬰兒
產生一種錯覺：我正在創造我的世界，包括母親和母親的
乳房，而且他們將在我的破壞性衝動中倖存下來，他們既
不會消失，也不會更糟糕地進行報復。溫尼科特認為這些
歷程讓孩童發展出關於「內疚」的能力，在自我整合的進

行式中，允許保留好的客體形象，同時也允許破壞它的想法出現，繼而被轉化爲「關切」的能力，漸漸地建立起一種客體恆常的感覺，生起一種信任感，最終形成「相信的能力」。然而，當「人繼續創造並重新創造上帝作爲一個放置他身上好東西的地方，如果他把自己和所有的仇恨和破壞力放在那裡，他可能會摧毀……這被稱爲『分裂』，它發生於人類心理矛盾元素難以調和的時候，有時是激烈的矛盾。……溫尼科特從觀察兒童遊戲來描述這個投射的過程，『上帝』成爲所有『好』的儲藏庫，而『人』繼續包含所有『壞』的東西（原罪），因此『拯救』的可能性只來自於『外部』，要透過創造『一個人工計畫』，將被偷走的東西重新注入兒童體內。……因爲它剝奪了兒童的『原初善性』，這種善性被聚集在上帝的概念中，同時又與集體創造和重新創造這個上帝概念的個人分隔開來。其結果是創造性能量的巨大消耗和信仰能力本身的損害，而使得信仰的對象或有關的宗教習俗首先被相信或實行。」

（引至Brooke Hopkins (1997)，Winnicott And The Capacity To Believe）

比昂　　我們忽略了一個問題，你是否相信我忘記了我們

昨天在哪裡停下來。

貝克特　我想，信任是它的根源。光會在兩個黑暗的盒子之間找到它的路嗎？

比昂　你不相信太陽？

貝克特　晚上不行。黑暗的盒子連太陽都穿透不了。我記得童年的一個實驗箱。我發現了一隻刺蝟。你可以說我是個年輕的動物學家。我把刺蝟和一些蟲子一起放在盒子裡。有一次，當我回去打開蓋子時，惡臭和腐爛讓我的鼻孔聞到了死亡的味道，我一直沒有完全擺脫。

　　哈姆日復一日的要克羅夫向他報告窗外的景物，是在尋找著什麼呢？貝克特說黑暗的盒子連太陽都穿透不了，至今仍無法擺脫那黑暗盒子裡的死亡味道。每個人的一生中持續尋找著似乎發生過，卻尚未完整感知的過去，而且對於過去某種「什麼」還沒有經驗到的種種細節，伴隨著無以名之的可怕感。在這裡，我們可以看到不論是對於死亡或是空虛的探求，都面臨著對崩潰的恐懼，也慢慢地形成對原始性極端痛苦的一種恐懼，也正是這種原始性極端痛苦引發了精神病性的防禦組織，出現精神病性疾病

的症候群。而這又要探究到更早期養育環境的失敗，關乎母親輔助性自我功能的缺失。（參考Winnicott, D. W. (1974). Fear of Breakdown, International Review of Psycho-Analysis, 1:103-107）

最殘酷的煉獄是我已經開始想念

比昂說一個人寧願在地獄裡愛老朋友，也不願在天堂裡愛新朋友，這句話充分描繪出我們對尚未發生的經驗，以開放態度來面對是有阻力的。克羅夫上一刻還說很辛苦，和哈姆講一講話，鬥一鬥嘴，覺得再也不能承受了，要結束了，但下一刻又回到哈姆身邊。溫尼柯特指出每個人使用客體的能力是否可以趨於成熟有賴於具扶持性的環境，而且從第一步的客體關聯到客體使用的歷程是最困難的，也是修補早年失敗歷程中最令人討厭的事。當主體將客體置於全能控制的範圍之外，便是承認母親是一個外在現象，是一個整體，而不是作為自己的投射實體。在破壞客體的欲望和行動下，客體要能夠發展自己的自主性和生命力，並且倖存才能對主體做出貢獻。（參考 Winnicott, D. W. (1969) The Use of an Object）這是

兩個生命雙向回饋和激發的創作歷程，是撕心裂肺的，如果遇到另一個可匹敵的對手，這場殊勝的生命之旅才有機會完成。

　　哈姆、克羅夫兩人之間來到對弈關係中的苦戰僵局，想要結束戰局，但都等待外力來替自己結束。哈姆說會在這庇護所獨自一人對抗沉默和寂靜，跟克羅夫說死亡在外面，他離開這裡會死。哈姆透過克羅夫的雙眼和手腳，讓自己繼續和外在的世界接觸，將念頭置入克羅夫的意識中，這是種全能幻想嗎？還是這份想要與世界連結的需要，既是在延續活著的感覺，延長壽命，也在滿足掌控的慾望，掩蓋對已然衰敗的肉體所帶來的種種失落。然而，似乎怎麼使喚克羅夫都無法平息心中對死亡的恐懼，以及止息衰敗的腐臭味。貝克特在分析過程中也與比昂來到僵局的階段，當時比昂邀請貝克特和他一起去聽榮格的講座，一位十歲女孩的先兆夢顯示「她從來沒有出生過」讓貝克特覺得終於找到與母親關係的合理解釋，如果他是沒有出生的，而且確實有產前記憶，記得出生是痛苦的，那麼他經驗了流產和有缺陷的過程，進而導致人格的不完全發展也是合乎邏輯的。（參考Mahon, E. (1999)，同上）。

哈姆不論是對克羅夫精神上施虐性的對待，或是將父親內格和母親內歐安置在垃圾桶內並時常逗弄的行為，也在傳遞對於老年衰敗的遺棄態度和苟延殘喘存活的心理真實。哈姆的精神病性防衛是一種對原始痛苦的防衛組織，雖然這樣活著，是如此充滿著絕望的姿態，卻讓他能夠成功存活下來。這樣原始的精神病性防衛反映出生命早期不只缺乏協助，更要去應付外在環境衝擊才能活下來的痕跡。而克羅夫的生命複製了哈姆的模式，長年與哈姆相依為命，如同親子關係。當自己的出生是從主人的口中得知，自己的記憶和語言系統都是哈姆教的，思想、語言、行動都受主人牽制，這樣的生命型態也像是機器人的化身，暗地裡已被輸入某些程式，或者說是兩人已形成一種寄生的生命型態。寄生在宿主身上的生物，他對宿主究竟是愛，還是恨呢？心底愛死衣食父母，情不自禁地依賴，但哪裡想到自己情感如此不潔？浮沉於矛盾間，強力依存著卻又啃咬宿主的血肉時，該抱著什麼樣的心情呢？他唯有小心翼翼地維繫彼此生命，直到一方停止心跳。

　　臨床上，「在分析師給出詮釋之後，精神官能症患者有能力辨識出隱藏在其背後的真相，即使阻抗出現反對這種洞察力。但精神病患者不會辨識出它，就好像它是別

人的財產一樣，這意味著他不會辨識出，自己處於異形般行動的狀態。如果他能夠辨識它們，他將不得不意識到，那會驚嚇到自己的某種內在形象。這給了我們事實的跡象，即對原始思想的徹底否定，若不如此，就會讓那種驚恐引發使心智死亡的風險。」（蔡榮裕中譯，引至 Andre' Green, The primordial mind and the work of the negative, in W. R. BION: BETWEEN PAST AND FUTURE）

沉默地沉沒在深海裡　結局還是你

比昂　　在漲潮和退潮之間，孩子們玩耍。

貝克特　某個遊樂場。人們忘記了記憶曾經在哪裡播放過。人們忘記了愛、恐懼和仇恨開始的地方，他們是如何相處的，或者沒有。一個人忘記了這個地方，到底誰還想回到那裡呢？

比昂　　你從來沒有離開過。

貝克特　我不能回去。我必須回去。曾經，懸浮在安全的黑暗中，黑夜讓我落下。我像樹上掉下來的果子一樣倒下了。他們早上在樓梯底部發現了我。他

們責怪保姆。母親幾乎不願承擔責任。哦，哦，我後來懲罰了她，因為她讓黑暗的手臂把我從黑夜的活板門中扔下來，就像一個在夢中被嚇了一跳的演員。我常常從一棵樹的頂峰一躍而下，讓最低的樹枝在最後一刻打斷我的跌落，我的母親把心含在嘴裡，就像十字架腳下的瑪麗。哦，哦，真是太刺激了。

溫尼柯特強調外部養育環境的重要性，當小嬰兒餓得受不了，乳房（母親）沒有及時出現的時候，或是想要貼著柔軟有溫度的物體（母親）在身邊才能安穩入睡，而母親又不在身邊的時候，諸如這些環境的失敗是真實發生的事情，不是嬰兒內在幻想出來的投射物。小嬰兒還太小，沒有能力因應和理解發生了什麼，光靠嬰兒自己的整合程度是不能把全部發生的現象聚合納入到個人全能幻象的掌控領域之中，以至於那些無法被感知和加工的經歷並沒有真正被體驗，被解離在心靈之外。可是這個時候嬰兒的痛苦是真實的，而且是自己無法承受和處理的經歷所導致無法想像的極端痛苦。只能帶著對這種痛苦的恐懼長大。在成長過程中總覺得不對勁，可是又說不清楚為什麼恐懼。

心底升起某種說不出是什麼的渴望，漸漸地，轉化爲各種行動，不斷重複類似的過程來幫助自己弄清楚心底的騷動到底是什麼或是弄明白發生了什麼。漸漸長大的個體由於防禦組織的存在，卽使還沒有經驗到崩潰，卻時時刻刻處在一種崩潰的恐懼之中。過往嬰孩時就體驗了瀕死的莫名恐懼，這種恐懼當時沒有被母親很好地接受和涵納，在以後的生活中，這些情感變成了憎恨。（參考Winnicott, D. W. (1974)，同上）

　　比昂指出病人與分析師之間，或嬰兒與乳房之間的聯結是投射性認同的機制。隨著成長，病人在關係中透過投射性認同機制來表達自己，作爲他們能夠獲得聯結或交流的唯一形式。當病人努力去除對自己來說是無法承受的死亡恐懼時，他會將自己的恐懼分裂掉，極力排空並安置到分析師那裡，當它們被允許停留在分析師體內足夠長的時間，而且被分析師的心靈轉化，病人就可以安全的內攝回來。然而實務上，通常病人感受到的是分析師拒絕他使用能夠表達自己意思的唯一聯結方法，在移情中體驗到沒有被很好地理解，便會對分析師充滿敵意，更強烈地試圖將感受強加給分析師，表現出對聯結的攻擊。（參考Bion (1959), attack on linking）這些必須從心靈（psyche）

中被驅逐的原始痛苦，是需透過觀察行動才能有所發現的原始思想，屬於潛意識的範疇，無法用意識辨識。比昂認為當客體有了思考的心智裝置後才可能轉型原始思想，並將它們送回嬰兒自身，使嬰兒能夠重新引入它們，並讓自己成為一個必須獨自處理他的思想的思考者。（參考 Andre' Green, The primordial mind and the work of the negative，同上）

忍受那個痛苦的是我？還是另一人？

比昂　　你是個膽大妄為的人。

貝克特　後來我像個瘋子一樣開著汽車和摩托車。有一次在髮夾式轉彎時，我暗戀的女人受傷了，因為汽車的輪子跟不上我的思想的輪子。她父親的神情像一隻臨死前的禿鷲一樣在我的腦海裡永久地停留著

比昂　　你想殺的是你的母親。

貝克特　（沉默）她確實擋在了我和我所愛的表妹之間，她偏執的偏見靈魂的全部力量都與我的心願相抵觸。我本可以為此殺了她。

比昂　　　你做到了。（沉默）你受苦，好像你有過一樣。

貝克特　　我記得在子宮裡。那可能嗎？漆黑一片，周圍漆
　　　　　黑一片。我感覺被封閉了。我想出去。沒有人在
　　　　　聽。

　　Mahon描繪出貝克特對母親的厭惡和憎恨，在幻想
中的報復謀殺，如同要除掉非我的障礙物，但是真的要面
對的是關於更原始的痛苦。回到《終局》來看，也有類
似的情節，哈姆的父親內格從垃圾桶出現，向哈姆乞討奶
嘴，哈姆卻只給他餅乾。這天，哈姆如往常以糖果利誘內
格聽他說故事，故事裡有一個男人匍匐而來，向哈姆乞求
食物並請他收留他的兒子。故事說完，哈姆拒絕給內格糖
果。他又命令克羅夫察看垃圾桶，克羅夫回報母親內歐已
死。

　　從母嬰關係來看，母親不願意成為涵容嬰兒感受的
容器，致使孩子的攻擊性增強；或是如果母親能夠接受嬰
兒的感受並協助嬰兒整合，這些攻擊會減低，但不會消
失。為什麼呢？依據比昂的說法，當母親覺察到嬰兒的感
受，而且仍能讓自己處在一個舒適的狀態，這樣的安穩冷
靜，會讓具有精神病性的嬰兒生起嫉妒和仇恨，不允許母

親去使用這個功能。而過度攻擊會破壞嬰兒和乳房，和與母親之間的聯結，影響之後對所有學習能力的好奇心，當好奇心減退就會導致孩子的發育出現嚴重的停滯。以治療關係來看，治療師內攝的能力可能被病人的嫉妒和仇恨轉化為是一個貪婪摧毀客體，內心的平靜被視為惡意的不關心。此處就可能產生另一種聯結的攻擊，就是個案會行動化，出現犯罪行為和自殺威脅，來摧毀這個如此令人如此憤怒和嫉妒的漠不關心。（參考Bion (1959), attack on linking）

與生俱來的根本 從此你持續下去

比昂　　你必須說出你的出路，寫出你的出路。正如海倫凱勒所說，唯一的出路就是通過。如果你說出你的出路，沒有子宮可以困住你。

貝克特　我將穿過身體，穿過痛苦、悲傷、快樂、歡笑、內疚、沉默、言語、驚奇和失敗的所有神經和動脈。當我失敗時，我會嘗試更好地失敗，因為藝術作為這個註定要失敗的星球上的生命線是一項不穩定的事業。我會寫絕望和沉默，這兩個小

丑，自從眼淚和笑聲被發明以來就已經走遍了世界。

比昂　　你的小丑會活得比我們倆都長。

貝克特　昨天的沉默。會持續多久？

比昂　　就像演說一樣，它會持續一生。有足夠的時間讓你創作一首有聲音和沉默的歌，讓你的聲音超越你，走向永恆。

　　哈姆要克羅夫再報告窗外的變化，這次克羅夫驚訝地看到一個小男孩，並且想出去結束男孩的生命，卻被哈姆阻止，並告訴克羅夫棋局已結束。這段情節讓我想到杜斯妥也夫斯基在《一個可笑的人的夢》中主角的獨白：「我不能，也無力自殺，但我情願接受他們的折磨，我渴望痛苦，渴望在痛苦中灑盡我最後的一滴血。」卡繆形容「幸福和荒謬是同一塊土地的兩個兒子，二者無法分開。若說幸福必定是從發現荒謬開始，是錯誤的；但有時，荒謬的感覺是來自幸福。保持清醒洞悉折磨著人，卻也同時是人的勝利。」這天，克羅夫一身出遠門的打扮，在門口注視哈姆並聽他的最後獨白直到劇終。哈姆以手帕覆臉，聞風不動，一如此劇的一開始。這局棋弈到底是誰勝利了？此

刻，他們心中是否還在吶喊著快要結束了，應該快要結束了，還是真的結束了？終局到底是什麼？

　　生命其實從來沒有遠離過自己一開始出發的那棵樹，無論抱著多麼熱切的希望，走著走著，猶如進入迷魂陣，再次回到那棵樹下，可是又很想改變，真的很想改變，彷彿一生都在逃走，卻逃不出這個迴圈，進入永世輪迴的困境中，有沒有可能生命就是在等待自己看清這個限制，也承認這個認識？體會出生即是在走向死亡的開始，在想要結束、等待結束、幻想結束，和等著被結束的每個分岔路上，穿越二元對立的分裂機制，學習陰陽相生的調和，在動態的相對平衡中，品嘗生、長、壯、老、死的生命自然規律呢？

參考資料：
《等待果陀、終局》（Waiting for Godot & Endgame），作者：山繆·貝克特（Samuel Beckett），譯者：廖玉如，聯經出版公司

異鄉人（獨家收錄沙特評論·2022全新名家譯本）作者：卡繆（Albert Camus）譯者：邱瑞鑾，漫遊者文化

薛西弗斯的神話，作者卡繆，譯者：嚴慧瑩，大塊文化

Rudi Vermote.《Reading Bion》, Routledge，p.132-133

Winnicott, D. W. （1969） The Use of an Object.

Mahon, E. （1999） Yesterday's Silence/ An Irreverent Invocation of Beckett's Analysis with Bion.

Freud, S. （1914） Remembering, Repeating and Working-Through （Further Recommendations on the Technique of Psycho-Analysis II）. The Standard Edition of the Complete Psychological Works of Sigmund Freud 12:145-156

Winnicott, D. W. （1974）. Fear of Breakdown, International Review of Psycho-Analysis, 1:103-107

Andre' Green, The primordial mind and the work of the negative, in W. R. BION: BETWEEN PAST AND FUTURE, Edited by Parthenope Bion Talamo, Franco Borgogno, Silvio A. Merciai , p.108-128.

Brooke Hopkins （1997） Winnicott And The Capacity To Believe. Int. J. Psychoanal., （78）:485-497

劉玉文

諮商心理師

看見心理諮商所 治療師

亞洲共創學院 總經理/資深職涯顧問

臺灣精神分析學會會員

從荒謬難解處擠出一道光

與談人：郭淑惠

　　〈絕地：快要結束了，應該快要結束了〉一文中，玉文藉由存在主義者沙特對「荒謬」的描述試圖打開探索貝克特的《終局》的空間，玉文在文中提到「生命的荒謬展現在想要結束、等待結束、幻想結束、和等著被結束的過程中，既期待分離又無法到達的進退兩難，想要存活卻往死裡去的矛盾」[註一]。《終局》中的四個角色共處一室，在合一VS.分離、生VS.死、努力VS.圖勞無功的矛盾議題，貝克特藉此將更原始的感覺，彷彿困在子宮的痛苦的意向傳遞出來，貝克特和比昂的精神分析過程他想起了在子宮內記憶，感覺到痛苦卻無能為力，「感覺被困住了，被囚禁了，無法逃脫，哭著要被放出來，但沒人會聽到，沒人在聽。」（Mahon, 1999）。

　　《終局》場景的密閉空間僅留二個小窗，困在輪椅上的哈姆、在桶子中的父母都無緣出去，僕人克羅夫意識到「只要這樣持續下去，這一生都是一樣沒有意義」。生命的無意義作為荒謬的存在，在週而復始的生活如何安在或

破局，二元對立的矛盾、無力與絕望，這是一場荒謬難解的人生考題；倘若貝克特仍停滯在子宮記憶的恐慌是無法以創造性方式打開《終局》的轉寰餘地，如何在絕地處擠出一個轉寰餘地或是咀嚼思考的餘裕？我猜想他找比昂做精神分析將近兩年的時間，幫助他更理解自己在做什麼與好好地經驗了自己的感受，他為自己設下一個像闖關一般燒腦的《終局》劇碼，讓自己的思想得以在劇中保持著流動與通過，在看似走向終局的殘局仍保持著對話與思考。

貝克特《終局》運用了創造性的思維在絕望之處持續勇敢、誠實地面對自己的苦境，對荒謬、虛無人生絕境的頑強反擊在一來一往的對話中，貝克特在小說三部曲《無法命名的人》（The Unnamable）寫到：「你必須繼續，我要繼續。只要還有話語，你必須說……你必須繼續，我不能繼續，我要繼續。」（Beckett, 2009）當時間空間都消失無法憑藉，自我仍頑強地要表達，在話語中探尋存在問題的答案。在理解貝克特《終局》的語言若堅持理性邏輯來理解，會經驗一種無法刻意捕捉、落空的過程，阿多諾（Theodor Adorno）在〈Trying to Understand Endgame〉的描述貼近在理解《終局》的感受，「理解它只能意味著理解它的不可理解性，或

者重構它的意義結構——它沒有。（Understanding it can mean nothing other than understanding its incomprehensibility, or concretely reconstructing its meaning structure - that it has none.）」（Adorno, 1982, p.120）用網子捕捉到的蝴蝶不是靈動的，這種在理解時的努力也伴隨期待的失敗，心中有抗拒這種不理解的混沌狀態與無知的無法掌控感，「無物」（no-thing）可以像比昂所說那樣作為一種思想嗎？這種不可理解性與無法重構意義，需要更多的思考，讓蝴蝶的舞動是有風有景。

　　玉文援用比昂的Caesura一詞作為認識心靈實相的路途中，持續「朝著不可知的本質且恆常不斷連合」現象中可以移動的可能性。Mahon（1999）在〈昨日的沉默〉（Yesterday's Silence）嘗試對貝克特與比昂的分析片段做想像的練習。從比昂的觀點，每一個聯想元素都是一個貝塔元素（蘇曉波譯，2014，p.140）需要分析師在心中進行加工。玉文巧妙地運用Mahon《昨日的沉默》的第一幕第二場和貝克特《終局》的劇情相互參照，如同在空間中找一個X軸與Y軸，交會點便形成了一個對話空間，亦或如玉文提到「Caesura可以被看作是一個分岔點、一

個出入口，是不同世界的交匯點，在那裡可以與雙方或向量接觸」，透過語言來穿透或穿梭不同的世界，比昂認爲「P←→D移動」是心智生活中最關鍵的部分，從無形的混沌狀態向連貫一致狀態的移動（蘇曉波譯，2014，p.146）。

不論是貝克特與比昂的分析片段或是《終局》中克羅夫與哈姆的對話，雙人的共舞有著原初的混沌，黑暗的盒子（空間）可以是母親的子宮，可以存放死屍，可以是擠壓封閉僵化的心理空間，可以是未被理解的黑暗大陸原始心智，可以是接受和容納投射認同的容器。「比昂認爲當客體有了思考的心智裝置後，他可以轉型原始思想，並將它們送回嬰兒自身，使他能夠重新引入它們，並讓自己成爲一個必須獨自處理他的思想的思考者。它顯示了從具體有形的思維（concrete thinking）（沒有思考者的思想），到抽象思維（abstract thinking）（由思考者產生的思想）的過渡。（蔡榮裕中譯，引自Andre' Green，2000）

玉文在文本中從母嬰關係觀點再理解《昨日的沉默》和《終局》，由內在心理的觀點轉向從外在抱持環境的影響來看互動關係。以下我簡要地摘述她文本中的小節：

（1）「有一種信念的疾病叫懷疑病」，當痛苦體驗引發了精神病性的防禦組織，出現精神病性疾病的症候群；而這又要探究到更早期養育環境的失敗，關乎母親輔助性自我功能的缺失。（2）「最殘酷的煉獄是我已經開始想念」，當主體將客體置於全能控制的範圍之外，便是承認母親是一個外在現象，是一個整體，而不是作為自己的投射實體。（3）「沉默地沉沒在深海裡　結局還是你」，嬰兒在需要乳房卻等不到，有著痛苦挫折的體驗，乳房存在卻缺席引發恐懼與被殘酷地剝奪，這思想與感受便深埋心中成為個人的信念。（4）「忍受那個痛苦的是我還是另一人」，比昂認為嬰兒把他的死亡恐懼投射給乳房時，他也對不受干擾的乳房投射出恨和嫉羨，乳房未能具有能解讀和再處理的能力，還給嬰兒是可怕而無意義的死亡恐懼。最後（5）「與生俱來的根本從此你持續下去」，出生即是在走向死亡的開始，在想要結束、等待結束、幻想結束，和等著被結束的每個分岔路上，穿越二元對立的分裂機制，學習陰陽相生的調和，在動態的相對平衡中，品嘗生、長、壯、老、死的生命自然規律。

　　若將每場對話都當成一場夢，每個事件都有其時空脈絡被凝縮成一個夢、一個點，這些點有其獨特的時空定

位，比昂將「夢思（dream-thoughts）」作爲思考的一種變體，夢被賦予轉化功能，在難以自處或頭腦難以處理如貝塔元素的存在時，透過多層次的交叉思考，這種願意思考的container的態度，「如果一個人在睡著或醒著時有一種情感體驗，並且能夠將其轉化爲阿爾法元素，那麼他要麼對這種情感體驗保持無意識，要麼意識到它。熟睡的人有一種情感體驗，將其轉化爲阿爾法元素，因此能夠產生夢思。因此，他可以自由地變得有意識（即清醒）並通過通常稱爲夢的敍述來描述體驗。」（Bion，1962/2021，P.15）

我嘗試將玉文在文本的思想視爲阿爾法功能的發揮，將原本的材料轉化爲像詩句重新串連，她所用的五個小節的標題命名長出另一種像詩句的詮釋文本，當文字化作一種詩的型句，被朗誦、停頓、沉默，在時間中我們思考與感受。

有一種信念的疾病　叫懷疑病
最殘酷的煉獄是我已經開始想念
沉默地沉沒在深海裡　結局還是你
忍受那個痛苦的是我還是另一人
與生俱來的根本從此你持續下去

　　《終局》一開始克羅夫說：「結束了，已經結束了，
快結束了，一定快結束了。」意謂著結束A到B狀態。A
到B的連結有著不確定性，Caesura，把不連續的部分連
接了起來，生與死、要與不要、離開前與離開後。此時
此地所設想的B，在抵達或出現在彼時此地時已因時空關
係轉成了B'，離開A是背離熟悉的經驗，從A到B無法是
二分或切割的，是一段過渡與混沌，Caesura成為涵容此
是彼非、此非彼是或似是而非的混沌。Caesura當作音
樂的休止符讓音樂的表現更豐富；在Mahon想像比昂與
貝克特兩人的分析片段，沉默作為Caesura，帶出了貝
克特的提問：「昨天的沉默。會持續多久？」劇終比昂
說：「唯一的出路就是通過。如果你說出你的出路，沒
有子宮可以困住你。它會持續一生。有足夠的時間讓你
創作一首有聲音和沉默的歌，讓你的聲音超越你，走向

永恆。」（Mahon, 1999）「我們可以把思想領域設想是由『無』構成，等待著成為思想，潛在的恆常關聯有待被發現。在這裡，客體的不再存在（object no longer）變成情感體驗，如果相關的挫折和痛苦可以被忍受，這種情感體驗就可以被轉化為有意義的東西。」（蘇曉波譯，2014，p.194-195）

讓我們在荒謬處保持著能思考與夢思，在不理解中前進找意義，相信微光在裂縫中透入。

註一：
這次以文會友的活動，對我來說是一場從無到有的學思過程。我從閱讀貝克特《終局》的劇本，搜覽網路的影片，這難懂不亞於理解比昂著作，我停滯在思考的困頓一直想放棄，卻又答應作為與談人，理解它們像存活的肉搏戰。當我決定依循著劉玉文《絕地：快要結束了，應該快要結束了》的文章加入她的思考脈絡，放棄要將貝克特、比昂與玉文的文本磨成粉來吞下去，我的僵局才被鬆動。劉玉文在與談當天（111.9.18），比喻長跑時有位陪跑者可以讓跑者跑得更遠，啊哈！正是這感覺，在不知終點自我懷疑時，對話者像是陪跑者，持續地跑、持續地想、持續地對話，最終好似捕捉了什麼，卻又好像兩手空空，但多了一種淡然不強求。

參考資料：
《等待果陀、終局》（Waiting for Godot & Endgame），作者：山繆・貝克特（Samuel Beckett），譯者：廖玉如，聯經出版公司。

《等待思想者的思想：後現代精神分析大師比昂》（The Clinical Thinking of Wilfred Bion (Makers of Modern Psychotherapy)），作者：納維爾・希明頓(Neville Symington)、瓊安・希明頓 (Joan Symington)，譯者：蘇曉波，心靈工坊。

Adorno, T.W.（1982）Trying to Understand Endgame, trans. Michael Jones, in New German Critique, No. 26, Spring-Summer, pp.119-150.

Beckett, S.（2009）Three Novels: Molloy, Malone Dies, The Unnamable. New York: Grove.
Bion, W.（1962/2021）Learning from Experience. New York: Basic Books. [Google Scholar]

Green, A.（2000）. The primordial mind and the work of the negative. In WR Bion: Between past and future（pp. 108-128）. Routledge.

Mahon, E.（1999）. Yesterday's silence: an irreverent invocation of Beckett's analysis with Bion. J. Amer. Psychoanal. Assn., 7: 1380–90.

郭淑惠

諮商心理師

心璞藝術心理諮商所所長

精神分析取向心理治療師

臺灣精神分析學會會員

臺灣藝術治療學會專業會員

《終局》異境：
結束在開始時就出現了，然而還在繼續

劉又銘

Slide 1 絕望的起手式，是在等待或在找尋失蹤人口嗎

　　結束了，結束了，就差不多要結束了，應該要結束了。……我不能（不會）再被懲罰。

　　這是在小小房間內，還能夠行動的Clov，說著這些話。但他之後吐露的，沒有哪兒可去，以一切如常回應著幾點的詢問，戲劇結束時，沒有離開房間。他還在等待嗎？他看到窗外一個小男孩，看到的是已知，還是未知？在Clov的心中，前往他處是希望，還是失望？

　　從這些體驗到的絕望或是突兀荒謬的經驗開始，讀者與觀劇者或許也會開始尋找，或產生想法，這是一場引起內心疑問的對話，有如對人生發生的事情的詮釋。我設想的是，從這個絕望的終局的劇本，也已經寫完演完讀完了，要繼續下去的那些部分，可能成為極為重要的對話，

要圍繞著如何、爲何、繼續的甚麼。本文繼續下去的方法，試著從Bion的語言，貝克特的語言，將他們擺在一起對話，也一定加入了觀看者的想法，這是一場關於三方想法的行程，從終局探索的開始。

Slide 2 思考的誕生，更早以前是甚麼

在（2005）. Int. J. Psychoanal.,（86）（6）:1523-1528, Whose Bion？ Edna O'Shaughnessy中討論到的是：

Bion談論的事物關注著求知的本能：K link，Bion如此稱呼它，從開始K就是精神分析的中心位置，佛洛伊德說（1919）:我們將我們的任務規劃成這樣：將帶給病人，潛意識的知識、在他內部的受壓抑的衝動，以及爲了這個目的，去揭露出那反對這樣延伸關於他自己知識的阻抗。Bion把K放在一個與愛與恨同樣卓越的位置，而因此翻轉了精神分析的理論，取代了二元性，而有著三體互動的人類本能：愛、恨、與嘗試去知道，L，H，K。

Bion提到Thought without a thinker，沒有思想者的思考，維尼克特提到no infant without mother，沒

有單獨的嬰兒，有的是嬰兒與母親，貝克特的終局提到的是看似沒有結束的終局，有的是繼續前行，觀看戲劇的讀者，也產生有意圖去解讀劇本，而回到自己內心的世界尋找字典，Bion說（不要嘗試理解我，注意你對我說的話的反應）。

思考的更早之前是甚麼，未知，或混沌？

Bion提出，分析師的詮釋應該是自發的，並且總是讓分析師和被分析者感到驚訝。換句話說，真象和不可知的實情，而非驅力，更重要地來構成了被壓抑的內容（Grotstein，2004）

Slide 3 思考者與做夢者

Antonino Ferro, Theoretical and clinical observations Bion, International Journal of Psychoanalysis（2005）. Int. J. Psychoanal.,（86）（6）：1535-1542.

在比昂的全部作品中，「醒夢思想waking dream thought」（1962，p.8）對我來說是一個最重要的影響。當我們醒著的時候，我們的心也繼續做夢。導致這種

夢的函數是α功能，它的乘積這個函數是α元素。如果α元素（每個大腦從感覺輸入創建象形圖的方式）是非常主觀的——好像α函數是通過一個非學術畫家來操作的，他改變了他所描繪的東西感知成圖像——更主觀的是α元素的程序在構成「清醒夢念」的那些線路中產生。

無意識本身並不是一勞永逸地形成的，相反，它成為一個更加動態和可轉換的實體，因為構成它的α元素源於與「他者」的關係。這樣一來，病人就變成了一個可以從未知的角度不斷告訴我們的人，告訴我們對他來說，我們是甚麼樣子以及我們在他的哪裡——這是我們經常不喜歡的東西，但這可能也符合了我們尋找真相的需要——，病人也成為了能不斷體驗我們自己的心理功能的人。（Antonino Ferro, 2005）

換句話來思考，當兩人在對話，是在說話，或是思考，或是作夢，而且可能是看似永不作完的那種？

Slide 4 浮生若夢？有沒有思考這件事？還是有的是思考與無思考？

Rudi在Reading Bion提到的內容：

「Rudi形容比昂的模型，認為在比昂的設想中，我們從未分化的區域往語言思考的區域移動（在O中發現K），類似於佛洛伊德說的讓無意識慢慢地浮出有意識。這個未分化區的最深邃處就是O，為了朝向它，與它接觸，我們有意識的部分需要最大程度地對未知開放。……

為了與O這個感性的現實接觸，比昂主張沒有記憶，沒有慾望，沒有理解，也沒有連續性。……

Bion（1965）形容這種朝向，就像植物自發朝向光一般，意識讓『容器』自然地找到『被涵容』；反之亦然，就向量的層面來看，也是從無限到有限的過程。」（王明智譯）

像是嬰兒要接近母親，思考要接近夢境的原點嗎？

Slide 5 夢的主人是誰？會否每個clov都在問

「當客體有了思考的心智裝置後，他可以轉型（transform）原始思想（primitive thoughts），並將它們送回嬰兒自身，使他能夠重新引入它們，並讓自己成為一個必須獨自處理他的思想的思考者。」（Andre' Green, The primordial mind and the work of the negative, 蔡榮裕中譯）

分析師與他醒著的夢念深入接觸的時刻（那是，一直在形成的過程process of being formed）對應於分析師的退想（reverie）：分析師接觸到一個意象，這意象是前語言刺激的融合，並且已經被接受考證過，被消化並改變了來自病人的任何東西之後；在經過充分處理之後，這些可以使用來形成詮釋。（Antonino Ferro, 2005）

詮釋可以如同clov在發問命運，Bion提出，分析師的詮釋應該是自發的，並且總是讓分析師和被分析者感到驚訝。換句話說，真象和不可知的實情，而非驅力，更重要地來構成了被壓抑的內容（Grotstein，2004）

Slide 6 壞脾氣的主人，會否也一直在等著被訪問？

Hamm說，me to play，可以說是上場時間，可以說是輪到我玩，可以說是放映自己，Hamm像是從死寂中復活過來地說話，就像個被困在瓶中的壞脾氣精靈，300年後的出場的舞台，是因為已經能有恨意的抵達嗎？他看不見，他走不了，他只能說話，運用chronicles的

碎片，嘗試組織建構著甚麼，令僕人Clov繼續臣服的立場。

　　他懷疑，他試探，他暴躁易怒，這些不知多久的等待，在棋盤上他的生命是個殘局。會不會被收拾掉，可能被拋棄掉，他必須威脅Clov，比起眼盲，睡去的狀態如同解離，或是分裂，更令他對Clov的狀態有一種盲目般的被侵犯威脅，他累了，他想再度入睡，在一無所知自己的時間空間中，他以他感知到的威脅程度來建構自己的說話，仿同那來訪的威脅感。

　　在我們到目前為止所說的起源上，我們可以找到在母親心智和嬰兒心智間的第一個關係（或者說，也許是先入為主的心智）在大規模排空它不知道如何或無論如何不能消化的感官體驗（「無名恐懼」）（比昂，1992年）；如果母親的心智是被歡迎的並且可使用的，那麼它不僅會將β轉換為α，它也會逐步傳達如何做到這一點。

Slide 7 作夢的我，與我做的夢，雙生關係，主僕或母子抑或兄弟？

　　更進一步地想設想，夢與我的關係，看似相生，然而

也有著誰代替了誰的問題

在薩所羅蘭心理午餐討論過的《十三聲》，創作朔源中：

《十三聲》（雲門舞集）

「從我這個小小的眼睛，所看出去的世界，在生命經驗裡面，他投射出甚麼東西給我。」

「咒語，在宮裡與廟裡的聲音，是自然的，美麗的，他也許可以跟舞蹈有一些共鳴」

這一部影片的名稱，創作溯源，創作本身如果可以看做是一個訊號的載體，在這個創作上面，訊號發生了變形的現象，從聽覺（乩童的咒語），到視覺（小時的眼睛），到觸覺（舞蹈的擺動），到感覺（如果思想也可以說是一種腦的感覺）。

「那一年，幾乎沒有談甚麼音樂，甚麼舞作，他只是告訴我，他為什麼想做十三聲，十三聲意味著甚麼？」

這也是我想談的，生命繼續下去的議題，卻也像是尋找甚麼失去的東西的樣子，或說是迷失的東西？或說，其實也不見得甚麼東西迷失了，而是藏起來了，而不知是甚麼令自己意識上感到迷失了的時候，就有一種想要找尋的

感覺，而開始將這種訊號轉換為尋找的動作。

「一種生命早期的面貌，恆春的民謠，我們用不一樣的方式詮釋它們。」

上面這一段話是取自於為《十三聲》配樂的林強所述。他描述選擇恆春的民謠，來表達一種回歸的意圖。

如果說林強這知名搖滾樂的靈魂裡，漂浮著土地古早的觸感，而將之化為音樂，如果說取之於母親，而用之於表現活著這件事，好像又接觸到那個議題，是誰在表現誰，用母親表現生命，或是生命表現母親，用母親這符號帶有活下去的意味，賜予生命，或許生命本身帶有活下去的意味，而選擇了母親（或對母親之愛）做為表現的方式。孩子的茁壯，是母親的延伸，生命的本質在流動。

想起一位精神科醫師同仁為自己養孩子的相簿取名為，用青春交換青春。我無意間打錯一個字，變成了為青春交換青春，倒也是有趣，這樣要問的是生命想做甚麼事情的意味。

為生命的過程來選擇而命名，好似有一種呈現了神聖的意味，或許是重返了母親所代表的本質，在生命早期所歷經的我尚無以名之的意義。

有一個發現叫做uncanny valle我想起了delusions of double，簡單的意思是相信有某個自己的複製品的存在，而且引領著生命的前行。

這觀察可以延伸到在終局中這兩位主僕的對話，不在溝通，而在競爭，掌控生命的權力，語言表達的權力。Lawley說，《終局》在關懷的是生命終了時人類殘存的領悟力和創造性的自我，但在這主僕身上，力氣用在競爭纏鬥之中的模仿，而難有獨立的自我。Adorno說劇中人物不是自我，而是模仿物，比較接近一個不斷模仿不存在之物的仿造品，且彷彿只對事物立即反應而缺乏思考。

語言的權力：話語權像是一種活著的替代，Clov接受Hamm教導的語言而會說話，於是一個值得思考的問題，模仿別人語言的人，是否是獨立地使用語言，等同於獨立地活著？也許Clov在語言中學到的真正屬於自我感覺，不是語言的情感，而是空白的，一種未能發展就早已死去的感覺，於是引領著來到了結束的感覺的殘局，但那到底是結束，或是某種體驗的開局。

Slide 8 空不礙有，有不礙空；空卽是色，色卽是空；走出門外就是未知，留在房內守著未知

延續著前面建佑提到的 no-thingness, nothingness，我的認爲，生命可以用思考將（無）的概念具體出來，那就是等待著的（有），只是尚未有。

因此，一種詮釋可以具有不飽和性和多論性的特徵。這允許了對話性的對意義的建構，而不是兩個追逐眞象的人之間的對立（「也許需要給出一個比他所要做的陳述更模糊的詮釋」[Bion,1987年]）。

在這裡，我們在比昂的思想中還有一個越來越清晰的元素：能夠不知道，成爲能夠等待，能夠等到意義形成。分析是一種擴展它探索的領域的探針（Bion，1970）：這涵蓋我們對分析師的假設和預定的知識，他們應該總是「敢於」走向未知。

「利用他的仿同（identification）能力，比昂透過對患者的分析，和他自己的自我分析（self-analysis），能夠概念化（conceptualize）心智活動的根源，我們應該從這一點開始，或者如果不是，至少在我們構建的，關於自己和他人的小說裡開始。他稱它

為初心（primordial mind）」（Andre' Green, The primordial mind and the work of the negative,蔡榮裕中譯）

Sldie 9 以雙生的想像，希望與絕望並存？已知與未知共生？

當沒有的時候，雙生形式的有與沒有的想像，讓事物可以繼續下去。

仍可以繼續下去的殘局。為什麼不結束呢，是否只有局外人才會這麼想呢？

當觀眾看著殘局的進行，終局無法結束，觀眾也有可能入局，成為這絕望與失望與希望的觀察者，從而繼續了這齣劇。正如觀察自我（observing ego）眼睛底下，這齣劇才真的存在了，而在沒有觀看之前，終局並未處於終局，而可以或是必須繼續下去，當觀測發生的時候，盒子被打開，於是有個意識上的真相（fact）被定義出來。在此之外，就像量子理論，可不可能有個多重宇宙，平行世界，可以存在，那在甚麼地方甚麼樣貌，就成為了心智機構所產生的希望。這是終局可以繼續進行下去的方法，不

要讓觀測發生，或者讓觀測這個行爲的發生被雙生的世界來產生希望，如果某天能被詮釋得到這個地方，繼續前行某個地方的話，那麼荒謬的終局，有了成爲地圖上的道路的希望。

如果因爲覺得沒有，而走出門，結束主僕關係，也結束了意義，排空了苦痛，也排空了能夠引起阿爾發功能裝置運作的機會。

結束了，那麼有然後嗎？爲什麼要繼續這場苦悶呢，是結束苦難之後的希望嗎。Clov等待的，有沒有可能像是在失望中繼續維持一個希望的存活，雖然樣貌不明，幻想中長得像一種能讓全部的失望翻盤的希望，爲此，就算是已知的失望，仍然要繼續著，好讓心智裝置想著遙遠的希望，如果還能構想，並且害怕未知的接觸的話。

Slide 10 爲何始終留著殘局而不結束呢，等待著甚麼

從終局的經驗中學習

在有限度的自由底下活著，破舊的小屋像是風中殘燭的燈罩，如何發生並不可考，一切像是個即將結束的殘局，但卻避免了合理化的風險，避免結束這場荒謬的終

局，或者對於原始生命來說，避免某種意義上的終局。

在這間碎片組合屋之中，繼續說著話，就像讓初心維持著沉默，而只有到了沉默，才是眞正的開始。

這是常見的情境：壓力很大，又沒工作，所以會有輕生的想法，不知道怎麼活下去，與人一起的感覺會害怕，覺得自己總是要回去念書畢業的，不想再拖著沒畢業的感覺，也許自己內心有個受傷的感覺，一直在講害怕的故事，無法終結，就算產生新的故事也變成舊有的害怕。

生命打從一開始，就進入一個已經死掉的世界，沒有前進，只有繼續，所以繼續的使命只能成爲一種循環的行動，新的故事追著舊的尾巴在轉，互咬，那會也像是在說著等待恨意抵達的故事嗎？就像要咬著乳房但無法更進一步的想法，甚麼東西的傳遞就中斷了在那裡，一直想不起，無法用言語或想法去捕捉到。

貝克特談及現代藝術時，曾說：盡義務地表現沒有東西可表現的，沒有甚麼可表現的，沒有方法可表現的，沒有力量可表現的，沒有慾望可表現的。藝術家的義務是面對全部的否定時，仍能誠實且勇敢地表達自己，而此兩者是指引人類的新基石。貝克特和他筆下的人物一樣，充分表現蘇格拉底的名言：我知道我甚麼都不知道。

最大程度的開放朝向未知，對於意識感受到的終局的處理所以甚為重要，不能單獨離開痛苦，因為任務尚未結束。在平行宇宙中，初心仍然未知，如同薛丁格的貓並未被觀測。意識試圖把碎片建構成一個故事，讓初心的產物可以住在裡面，所以發生的事情是，哪兒也去不得。

在《終局》這個房子裡，繼續進行著的，是嘗試關懷初心的體驗嗎？但沒有觀測到初心，何以說初心是存在的？那是說因為，這種不離開的狀態，像是被某種引力牽引住，糾纏著，就像衛星繞著恆星在轉，猶如僕人繞著主人的服務勞動的無意義。猶如減藥的患者說的話：身體陷入一種恢復平衡的過程，是一種比較自然的感覺，減少藥物，是想要感受到自己真正的狀態，因為感覺緊繃，但自己怎麼感覺不同，之前想到睡覺會害怕，但現在覺得睡不著就睡不著，好像脫掉一種強迫自己要好的枷鎖，雖然還是蠻刻苦的要求自己，這種刻苦，不只是強迫式的受苦，而通向未知，睡不著，不須要強迫入睡的世界。

Rudi的Reading Bion（132頁，PART II Introduction）中提到，Bion描述了O的轉換。這是改變他人生的深遠洞察力。K的轉換是思考層面的轉換，即對經驗進行精神表現，O的轉換是在尚未表現的經驗層次

上發生的。那是新的生活經驗。

　　結束了，結束了，就差不多要結束了，應該要結束了。……我不能（不會）再被懲罰。

　　Bion說讀者能給他的最好的禮物，就是使那本書中表達的理論過時。換句話說，比昂從來都不是正統的思想家；如果有的話，他是一個神祕的人，知道真相是無法觸及的（unreachable），但我們不能放棄向它前進，即使旅程是痛苦的，甚至有時是不可能的（impossible）（參見Bion，騙子的寓言，1970）。

Reference：
Edna O'Shaughnessy, Whose Bion？, （2005）. Int. J. Psychoanal., （86）（6）：1523-1528

Antonino Ferro, Theoretical and clinical observations Bion, International Journal of Psychoanalysis（2005）. Int. J. Psychoanal., （86）（6）：1535-1542

James Grotstein Whose Bion？ Letters to the Editors, （2006）. Int. J. Psychoanal., （87）（2）：577-579 On： Whose Bion？

Andre' Green, The primordial mind and the work of the negative（蔡榮裕中譯，未公開）

經歷過死亡的原初心靈，
繼續下去是為了找回O或神話

與談人：莊麗香

　　結束在開始時就出現了，然而還在有限度的活著情境下繼續下去，為何有限度的繼續？又銘在文章裡問了這句話，在終局的劇情和又銘的文章裡反覆來回感受思考，逐漸對於「結束在開始就出現了」這句話有一個聯想，像是在隱喻著生命的初始就經驗過如同死亡的經歷，就像溫尼柯特在「對崩潰的恐懼」那篇文章所說的，病人害怕崩潰是因為這崩潰早已經發生過了，只是在生命早期自我尚未形成前無法體驗這感覺，而精神病症狀是為了防禦不讓崩潰或崩解真的發生。（Winnicott, 1974）

　　在《終局》裡父親內格的這段話似乎透露著這殘酷的現實：

　　內格：……你還幼小時，在黑暗中你備受驚嚇，你向誰哭喊？你母親？不是，是我。我們讓你哭，然後把你移到聽不到的地方，這樣我們就可以安心的睡覺。（停頓。）我睡著了，快樂得像國王，你卻把我吵醒要我聽你

哭泣。……

（取自：廖玉如譯，終局，聯經出版社。以下皆同版本，不再另行註明。）

　　我試想如果哈姆是處於絕對依賴期的嬰兒（存活全部仰賴照顧者），那是否就像是死亡般的經驗？

　　若把終局的場景故事想像成是個案在治療室裡呈現的生命故事，那麼可以看見生命早期的創傷如何會讓人的一生有著一幕幕的荒謬劇在上演著，以下就又銘文章中一些令我印象深刻與引發更多發想的敘述開始我的回應。

　　又銘說：「觀眾就像是觀察自我的角色，定義出真相，如果能詮釋得到某個地方，荒謬的終局就有了地圖上的希望。」

　　這讓我聯想到在治療室中，治療師除了是直接互動的雙人關係之外，也扮演著觀察者的第三方角色，是入局的觀眾，但是面對精神官能症的個案和精神分裂症的個案，上演的劇大不相同。一開始閱讀或觀看貝克特的劇有種跳tone的荒謬性，感覺不容易被帶入，其語言文字敘述常有斷裂不連貫的特質，讓人難以入戲與感受，就像比

昂說的「對感覺連結的攻擊」的某種呈現。觀看這樣的一齣戲，感覺與理解是逐漸生出來的，這過程也許有點像是比昂提出的網格圖，從β元素到α元素，又逐漸的聚集α元素到感受／概念的歷程（Symington & Symington, 1996/2014）。

進一步的也想到比昂跟貝克特的治療工作，貝克特有可能是比昂的第一個個案，比昂算是一個新手的治療師，面對個案精神病性的部分投射出來的各種β元素，要能涵容消化思考是一個很艱難挑戰的任務，想必也在比昂的心智中留下待解的未來之路。

又銘說：「在這間碎片組合屋之中，繼續說著話，就像讓初心維持著沉默，而只有到了沉默，才是真正的開始。」（對於「初心」，我個人比較喜歡「原初心靈」的翻譯）。

此時繼續說著話就像是因為無法思考而不停的行動化，想要排除難以忍受的β元素；而當沉默時，那是停留在自己的初心的時刻。如果此時是在治療室，治療師是比昂，我猜比昂應該會說：「你要忍住，你要能忍住這感覺，你才有機會了解這體驗是什麼……」（Culbert-

Koehn, 2011）。然而《終局》沒有比昂在場，也沒有具備思考者的人在場，於是每個角色都只能不斷的重複著用原始的投射認同心理機制將難以忍受的β元素不斷的往他者丟，你丟過來我丟回去，也不斷經驗著很想結束又無法結束的痛苦與無奈。

又銘引用了Andre' Green的一段話：「……回憶錄『我累了』……精神分析最終遇到老虎：物自身O……理論形式只能侷限於覺醒狀態……小說則更能接近不可知、虛空、無相無量，因為擺脫合理化的風險，可以探索可見或可思考的層次之外的心智。」

這一段話又讓我反思了上述對於戲劇的分析很可能是在一個合理化的理性層次，而這齣戲劇本身是不是可以說就是物自身的展現，是一個O的呈現方式？若是如此，是否創作者透過戲劇或小說或神話這樣的途徑，讓原初心靈的β元素找到一種可以妥協的存在方式，如同比昂晚年用小說來接近或安置他自身的O。

但是也有另一個想法是這齣戲是不是也隱含一種精神病性的呈現？O'Shaugnessy曾這樣說：「在《神祕主義者和群體》中，比昂說，『當精神病符號在實踐中

遇到時……它表明患者與神或惡魔私下融洽』（1970，P65）——這種說法立即與精神分析中的精神病臨床經驗產生共鳴。那我們該怎麼讀比昂呢？與上帝和神性融洽是與O還是與精神病有關？或者兩者兼而有之？」（O'Shaugnessy, 2005）我對於這齣戲的兩種想法似乎跟O'Shaugnessy提出的矛盾感受有些類似。

羅洛・梅在《哭喊神話》這本著作裡舉了一個患有精神分裂症的女病人的自傳為例，說明如何透過神話找到心靈安定的力量，以及神話對存在的重要性，尤其是在困頓而虛無的世界帶來意義具有重要作用（May R, 1991/2016）。如果把這樣的想法加進來思考，我不禁有個聯想，這些原初心靈有很大的力量，我們過得好與不好原初心靈是否有好的安置扮演重要角色；換句話說，有幸健康長大的人，他們的原初心靈以某種方式同在；不幸的人，一輩子受苦於這些未能好好消化或安置的原初心靈所影響。

又銘說：「……以攻擊來取代奶水讓生命往前移動。這些有限度的活著與有限度繼續下去是為了避免合理化的風險，或對原始生命來說是為了避免意義上的終局。」

以攻擊取代奶水讓生命往前的生存方式，也像是一直活在偏執一分裂／抑鬱（PS->D）的位置，被涵容者找不到涵容的容器，劇中的母親跟哈姆保持一種相當疏離的互動關係，猶如在呈現一個不能被利用的母親心智，「如果母親的心智受到歡迎和可用，它不僅會將β轉為α，而且還能逐步傳達如何做到這一點。」（Antonino, 2005）

當處於這樣的痛苦失望中，原始生命為了避免意義上的終局，會帶著尋找意義的努力繼續撐下去嗎？比昂付出一生的努力試圖找回被遺忘的原始生命，也就是原本在子宮裡是認識宇宙，卻在出生時忘了他，所以我想人有一個原始生命的動力，這個動力是原初心靈尋求被理解或被涵容，或者說找到存在意義感。

對於迷失的意義的尋找，又銘舉了《十三聲》的創作溯源的例子來說明，其中有兩個描述我覺得很有創意；

一個是訊號載體的想法……創作本身可以看作是一個訊號的載體……訊號發生了變形的現象，從聽覺（乩童的咒語）、到視覺（小時候的眼睛），到觸覺（舞蹈的擺動），到感覺（如果思想也可以是一種腦的感覺）……不知道是什麼令自己意識上感到迷失的了時候，就有一種想要尋找的感覺，而開始將這種訊號轉換為尋找的動作……

這些創作的訊號是以五種感官作為訊號的載體，而已經存在於原初心靈但還沒有思想者的思想是β元素，β元素主要是以身體感官為主，對應於快樂—不快樂原則支配下的現象（Green, 1998），所以想要找尋的感覺透過創作的訊號，聲音也好、影像也好、甚至是觸覺到感覺，這種變形與轉換的創作，也是尋找迷失意義或原初心靈的一種途徑。

　　另一個描述是提到，林強這知名的搖滾樂的靈魂裡，漂浮著古老的靈魂，而將之化為音樂，如果說取之於母親而用之於表現活著這件事……孩子的茁壯，是母親的延伸，生命的本質在流動……

　　母親與迷失意義的某種無以名之的關聯，知名搖滾樂家林強，在音樂歌曲的選擇裡，有個母親的主題在裡頭。早期生命的本質，的確與母親的互動息息相關，而且似乎還可以往前延伸到子宮時期。

　　貝克特和比昂都跟母親的互動關係存在某種痛苦與困難……但要如何思考這困難與他們的精神病性的關聯並不容易也不適合做猜測，然而，尋找迷失的意義，跟比昂說的神祕O，若從現象學的角度來看，也許是不同面看過去但隱含相同本質的事物。

又銘談到生命一開始就進入死亡而無法前進，繼續變成了一種行動的循環，並引用貝克特的話說，什麼都不知道，但只要還有話語就繼續下去，由此帶到語言扮演的角色，在主僕之間的對話或者說語言的使用，不是溝通而是在競爭，此時話語權像是一種活著的替代。

這種互相競爭攻擊的語言裡，這樣的關係究竟要離開還是留下？離開能存活嗎？這像是一種生活在一開始就經驗死亡而繼續活著的樣貌，語言透露了沒有思考者能力的困境，沒有涵容與被涵容者，那外在未知的世界一樣的可怕。在這裡我也想做個大膽的推想，貝克特若沒有跟比昂做治療，可能從未想過要離開母親獨自生活，在跟比昂治療時，比昂提出離開母親的建議，雖然貝克特沒有接受，反而離開了比昂，但是比昂的建議也許在貝克特的心理有些激盪，劇中的克羅夫要不要離開這樣的角色是否來自跟比昂的治療經驗呢？

又銘說：「這個房子裡繼續進行著，是嘗試關懷初心的體驗嗎？」

這個房子正在進行的種種，就是在呈現原初心靈的某些部分，而我們觀看並入局，就是在體驗某種初心，不知

道我理解得對不對，但我還蠻喜歡這樣的看法。比昂說我們是從未分化的區域往語言思考的區域移動，就是在O中發現K，那麼這齣戲的呈現猶如就把O擺在我們眼前，我們慢慢地入局，我們對這場戲盡量的開放，然後慢慢的形成我們對這齣戲的K。然而，K是覺醒狀態，是有限的，而O是無量、無限的，所以用語言思考其實也是限制，有得有失；除了思考的努力之外，不停的留在感受跟體驗裡，也許更能貼近某種初心。

所以我想貝克特不只用戲劇在描述原初心靈，他也透過戲劇來展現神話，「貝克特的《等待果陀》是部溫柔又意味深長的神話，它以深度的矛盾對立緊扣著我們的心弦。」（May R, 1991/2016,p35）。我認為終局也展現了一種神話，深刻描繪面對生命中的殘廢（身體的、關係的）、失落、死亡威脅的的痛苦、掙扎與無奈。

參考文獻：
1. Green A.（1998）. The Primordial Mind and the Work of the Negative. Int. J. Psycho-Anal.79: 649-665.
2. Culbert-Koehn J.（2011）. An Analysis with Bion： An Interview with James Gooch. J. Anal. Psy.56：76-91.
3. Ferro A.（2005）. Bion: Theoretical and clinical observations. Int. J. Psycho-Anal.86: 1535-42.

4. May R.（2016）。哭喊神話（朱侃如譯；2版）。立緒文化。（原著出版於1991）。
5. O'Shaugnessy E.（2005）. Whose Bion？ Int. J. Psycho-Anal.86: 1523-8.
6. Symington N. & Symington J.（2014）。等待思想者的思想（蘇曉波譯）。心靈工坊。（原著出版於1996）。
7. Winnicott, D. W.（1974）Fear of Breakdown. International Review of Psychoanalysis., 1: 103-107.

莊麗香

諮商心理師

臺灣精神分析學會會員

《看見心理諮商所》諮商心理師

《鉅微顧問管理公司》特約心理顧問

臺灣精神分析學會推薦精神分析取向心理治療師

《終局》殘酷：
走出這裡，就是死亡！

蔡榮裕

第一部分

我們從主人（哈姆）和僕人（克羅夫）的對話開始或起家。

哈姆：你記得你的父親嗎？

克羅夫（疲倦地）：一樣的答案。（停頓）這些問題你已經問過幾百萬遍了。

哈姆：我喜歡這些老問題。（熱切地）哦，老問題，舊答案，沒有其他事情這樣了！（停頓）答案就是我曾是你的父親。

克羅夫：對。（他直瞪著哈姆）你曾是。

哈姆：我的房子是你的家。

克羅夫：對。（他看哈姆身邊）這房子是我的家。

哈姆：（驕傲地）沒有我，（手指自己）就沒有父親。沒

有哈姆，（手指周遭）就沒有家。

⋯⋯

克羅夫：（暴怒地）那是他媽的可怕的一天，很久以前，在這他媽的可怕的一天以前。我用的字是你教我的，如果它們再沒有任何意義，那就教我別的，不然就讓我保持沉默。

（廖玉如譯，頁160 & 164，聯經出版。以下引文取自這文本。）

　　我將分成三大部分來進行今天的主題，並在這些主題裡穿梭著《終局》裡的對話，做為和我的論點的交流。一是，略論精神分析在發展上所呈現的問題，反應著什麼失落和失望，甚至是絕望呢？二是，這些失落、失望或絕望，除了在診療室個案上常呈現時，我們如何來想像貝克特的《終局》，這部戲裡絕望般的生命故事？可以幫助我們說些什麼嗎？三是，《終局》的絕望裡有什麼出路嗎？也稍談溫尼科特和比昂兩人的視野，對於治療者可能有的用途。

　　首先，我們會知道《終局》這部戲，如邱老師在開場裡述說的，我是傾向在這裡來想像和體會，在《終局》裡

的絕望，是有股生命之火在燒的絕望，讓絕望是如此的悲慘卻有著活力，但也走不出原本的所在，我想著我要用這部戲來說些什麼，和精神分析和比昂有關的想法？

以下是我的想像。

做為精神分析取向的觀察者、實作者和思考者，我們的歷史曾是這樣，如Peter Fonagy所說的，各學派之間的變遷：「近幾十年來，精神分析理論變得越來越支離破碎。所有期刊，包括精神分析期刊，最近精神分析的文章被引用量下降，提供了證據（Fonagy 1996）。初步探索呈現的是，不僅社會科學和醫學文獻的作者們，對精神分析期刊出版物越來越不感興趣，而且分析師本身顯然對其他目前活躍的精神分析團體的想法也不太感興趣。可以說，佛洛伊德去世後出現的主要精神分析學派，以及在20世紀下半葉組織該學科的主要分析學派，在21世紀正在分崩離析。自我心理學派者（Ego psychologists）很難找到他們了，溫尼科特學派者（Winnicottians）不再只是溫尼科特學派，自體心理學者（self psychologists）已經支離破碎，克萊因學派者——比昂學派者（Kleinian-Bionians）他們彼此之間的共同點越來越少，也走出了兩位巨人的領域。即使在她的一生中，安娜佛洛伊德學派者

（Anna Freudians）也可以說是一個不太可能的群體，而人際關係取向者的處遇方式（interpersonalist approach），已變成從前述傳統裡離開的難民和尋求庇護者的家園。」（蔡榮裕譯，Peter Fonagy, Some Complexities in the Relationship of Psychoanalytic Theory to Technique (2003). Psychoanal. Q., (72)(1): 13-47）

也許我們可以先問的是，佛洛伊德在描繪歇斯里底症患者的心智運作時，他所想像和建構的情感和感受裡，有著如此這般生命的絕望感嗎？如果依據他在《克制、症狀與焦慮》（Inhibitions, Symptoms and Anxiety, 1926）的附錄三裡，他表示他對於失落和痛苦（pain）的探索是有限的。我觀察他的說法是誠實的，並且直到後來，他在相關的主題，除了在稍早前的《哀悼與憂鬱》（Mourning and Melancholia, 1917）裡有較多的描述外，大致上仍是匱乏的論述。

根據Oxford Advanced Learner's Dictionary，對final game（終局）的定義，包括了「棋賽的終局」或「人和人間的政治過程或競賽的終局」。至於貝克特的戲劇《終局》，乍看是面對生命裡不可避免的最後折磨，也就是死亡所帶來的衝擊，或者如哲學

家阿多諾在1958年《嘗試理解「終局」》（Trying to Understand Endgame）裡說明的，如果要詮釋《終局》這部戲時，不能只是追求在哲學的協助下，做著它的意義的奇美拉（蔡註：chomera多重嵌合的意思，原本是是希臘神話中，會噴火的怪物或是動物和人的嵌合體。）。因爲「了解它（《終局》）意味著，沒什麼可了解，只能了解它的無可理解（understanding its incomprehensibility）。或者具體地重構它的意義結構——它是沒有什麼（it has none）。」依我的解讀是，除了聚焦在常見的劇情和表現方式裡，所呈現出來的荒誕或存在主義哲學思想外，本質上它更是對於什麼是no或nothing或no-thing的探索，就像直接逼視在什麼都沒有了的時候，還有著什麼讓自己可以存活和存在？

　　例如：「比昂對nothing和no-thing做出重要的區別。這兩者唯有透過負的範疇（category of the negative）方能理解。他是第一個清晰表述這兩者相異處的精神分析師。這麼多年來，精神分析師未能察覺負在精神分析理論的隱微在場——這可以和黑格爾等人的工作有關。對潛意識的假設，是被所有相信存在意識思維之外的心理活動的人所接受的。因為佛洛伊德的所有工作，都在於試圖揭示被潛

抑的東西並賦予它正的意義，即潛意識通過詮釋而變得有意識，所以所有的注意力都集中在被詮釋後從潛意識中出現的內容上，而非關於它身為潛意識的的特殊性。潛意識只能以其正的形式被思考，也就是我們將其內容以思想、願望、慾望、幻想等的形式感知到。但是它在潛意識時的性質呢？有別於佛洛伊德，很少有分析師敢提出關於「潛意識的本質是潛意識」的問題。在一個循環陳述中，我們可以說，詮釋潛意識的東西，使其成為意識的可能性，是由於潛意識潛在可詮釋的能力。這就引出如何獲得潛意識材料的可詮釋性或可分析性的問題。這是比昂的主要關注之一。」（陳建佑譯，Andre' Green, The primordial mind and the work of the negative, in W. R. BION：BETWEEN PAST AND FUTURE, Edited by Parthenope Bion Talamo, Franco Borgogno, Silvio A. Merciai , p.108-128.）

我想這就是我們要了解潛意識的內容時會遭遇的難題，比昂提出對no的論點，而後人為了了解這些說法，需要參考其它的語詞，因此葛林提出了自己發展的negative或work of negative的觀點，要來進一步表達他對於比昂的重要貢獻，對nothing和no-thing做出重要的

區別。

克羅夫：（結束禱告）多棒的希望！你呢？

哈姆：去他媽的！（對內格）你呢？

內格：等一下！（停頓。結束禱告）沒有用！

哈姆：狗雜碎！祂根本不存在！

克羅夫：不存在。

內格：我要我甜梅子。

哈姆：沒有甜梅子了。

（停頓）

內格：一點也不意外！畢竟我是你父親。的確，如果不
是我，也會是別人，但這不是藉口。（停頓）比
方說，再也沒有軟糖了，我們都知道，這可是我
的最愛。有一天我會向你要一些，作為慈愛的報
答，你會答應我。一個人必須與時俱移。（停
頓）你還幼小時，在黑暗中你備受驚嚇，你向誰
哭喊？你母親？不是，是我。我們讓你哭，然後
把你移到聽不到的地方，這樣我們就可以安靜地
睡覺。（停頓）我睡著了，快樂得像國王，你卻
把我吵醒要我聽你哭泣。並不是非如此不可，你

不是真的需要我聽你哭泣，而且我也沒在聽。
（停頓）我希望有一天你真的需要我聽你哭泣，
真的需要聽我的聲音，任何聲音。（停頓）真
的，我希望我可以活到那一天，聽你向我哭喊，
就像你還是小孩時在黑暗中受到驚嚇一樣，而我
是你唯一的希望……

（頁173-174）

　　這現象也會發生在其它語詞，例如，原始性、自戀
性、精神病性等概念，所意圖建構出來的心理現象和工作
領域。

　　另外，對於原始性和自戀性的描述，也是佛洛伊德
在《論自戀》（On Narcissism, 1914）裡想要探索，他
先前較忽略的精神病的領域。他在這篇文章裡所說的「自
戀」，不全是我們目前所知被用來罵人的自戀，而是要在
後設心理學上走向新領域，關於我們目前熱門常見的臨
床現象的自戀型、邊緣型，或者是比昂在《區分人格裡
的精神病和非精神病的部分》（Differentiation of the
psychotic from non-psychotic personalities, 1957）
裡，所描述的精神病性。

也許大家早就聽過，佛洛伊德覺得精神病是無法被分析的，因為他們缺乏移情的能力，也許是佛洛伊德是神經科醫師出身有關，加上當時的精神病案例，由於藥物的缺乏，而不少是愈來愈退縮到自己的世界裡，如他說的自戀狀態，不會對客體有移情。不過這種情形，早在克萊因的學生們，比昂和Hanaa Segal等所打破了，尤其是比昂的立論基礎，大致是精神分裂症個案的分析，這樣的經驗早就不再是佛洛伊德的古典論述能夠描述的。

　　例如，溫尼科特在談論《榮格自傳》裡說的：「讓我們談談佛洛伊德和榮格之間的關係；他們必須見面，但佛洛伊德不可能去找榮格進行分析，因為佛洛伊德發明了精神分析，而且佛洛伊德需要先把精神錯亂（insanity）的領域置於一旁，以便他將科學原理應用於人性研究（human nature）方面可以有所進展而榮格不可能從佛洛伊德那裡得到個人分析，事實上佛洛伊德也不可能分析榮格，因為如果有這場分析的進行它所涉及的各方面精神分析理論，是直到現在，離那時已半個世紀後了，才開始浮現並被當做是精神分析後設心理學（metapsychology）發展的一部分。也就是說，這兩個人，各自被一種魔神附體，只能在沒有基本了解的情況下相遇、交流，然後分開。相

遇和分離的方式很有趣，但並不是那麼重要。」（蔡榮裕譯，Winnicott, D.W.（1964）. Memories, Dreams, Reflections. Int. J. Psycho-Anal., 45：450-455.）

　　我會想要談論比昂和貝克特的主題，緣由之一是受到溫尼科特談論榮格自傳裡這段描述的影響。意味著我們自承是佛洛伊德以降的傳承者，是需要如實地面對來到診療室的個案群的轉變這件事。不過就英文語系的世界來說，由於有著比昂和溫尼科特等人的努力探索，讓我們可以有著和古典論點不同的典範做基礎。不過我是覺得，這個現象可能並未被強調，雖然我們同時教導著佛洛伊德的論點，和其他人的後續論點，但由於兩者的處理對象的差異並未被特別強調，就算有著自戀型和邊緣型的概念，但是我們卻可能仍以對古典案例的期待，來想像自戀型和邊緣型案例，對於我們的說明或詮釋的了解，可以如歇斯底里的案例？這自然會帶來巨大的期待落差所引發的失落和失望。

　　這種現象比昂曾這麼說：「比昂回憶起詩人濟慈提到的負的能力（negative capability），這些患者沒有這種負的能力，因此是急於採取行動。這並不一定意味著明確外顯的行動；這更是某種行動的基底模式，相對於某些外顯

行動的事實，啟發所有任何形式的心智流程。因此，我們可以假設，沒有思考者的思想是從不會，以它們是曾被想過的樣子被辨識出來，而它們是貢獻給那些擁有它們的人格，這可能是重要的因子，來區分人格裡的精神病的部分和精神官能症的部分。在分析師給出詮釋（interpretation）之後，精神官能症患者有能力辨識出隱藏在其背後的真相（truth），即使阻抗出現反對這種洞察力。但精神病患者不會辨識出它，就好像它是別人的財產一樣，這意味著他不會辨識出，自己處於異形般行動的狀態。如果他能夠辨識它們，他將不得不意識到，那會驚嚇到自己的某種內在形象。這給了我們事實的跡象，即對原始思想的徹底否定，是由於若不如此，就會讓那種驚恐引發使心智死亡（mental death）的風險。否認和過度的投射性認同可以是同一個，或者是兩者但有著相同的過程。否認和過度的投射性認同可能意味著，在它們發生之後，心靈是空蕩蕩的（the mind is empty）。」（蔡榮裕譯，Andre' Green, The primordial mind and the work of the negative, in W. R. BION：BETWEEN PAST AND FUTURE, Edited by Parthenope Bion Talamo, Franco Borgogno, Silvio A. Merciai , p.108-128.）

克羅夫：（如前）有時候——我告訴自己，克羅夫，如果你希望——有一天——他們懶得折磨你，你就必須學習更能忍受折磨。有時候——我告訴自己，克羅夫，你必須更堅強，如果你要他們——終有一天——放你走。但是我覺得要培養新的習慣，我太老了，需要的時間也太久了。好，永遠不會結束，我永遠不會離開。（停頓）然後有一天，突然間，就這樣結束了，改變了，我不明白，它消失了，或是我自己，我也不明白。我問還剩下的字眼——睡著、醒著、早晨、黃昏。他們無話可說。（停頓）我打開這個穴窩的門走出去，我頭垂得低低的只看見雙腳。如果我睜開雙眼，只看到雙腿之間一條細小的黑色灰塵。我告訴自己地球熄滅了，雖然我從來沒看它發亮過。（停頓）很容易離開。（停頓）我倒下時我會哭喊幸福。（停頓。走向門口）

哈姆：克羅夫！（克羅夫停住，沒轉身。）沒事。（克羅夫繼續走。）克羅夫！

（克羅夫停住，沒轉身。）

克羅夫：這是我們所謂的下台。

哈姆：很感激你的服務，克羅夫。

克羅夫：（轉身，尖銳地。）哦，對不起，應該是我感激
　　　　你。

哈姆：我們應該彼此感激。（停頓。克羅夫走向門
　　　口。）還有一件事……

（頁192）

　　我們所面對的這些變遷反應的是什麼呢？是失落？
是失望，或是絕望呢？或者只是純粹的生命力是不受約束
的，如同一朵花生為花，就是注定要開花，而走向分歧？
只因人性的必然分歧嗎？如果是必然，那很難說什麼，如
果是失落、失望或絕望，這是精神分析者能夠直接描繪的
自己的圖像嗎？也許這些歇斯底里的視野，也是佛洛伊德
在絕望之下的創意展現。但我當然不能這麼簡化說，因絕
望所以這樣子，這是便宜的論點，畢竟我們可以從溫尼科
特談論榮格自傳裡說，佛洛伊德無法理解榮格，因為如前
所述，榮格在自傳裡呈現的那些精神病式的幻想，也就是
佛洛伊德在文章裡會提到的原始性或自戀性，但他並未深
入探索那些領域。

　　這場工作坊的另個目的是，是否能讓人們了解，當

溫尼科特表示理解那些原始性或精神病性的素材，是直到他（也包括比昂和其他人吧）才開始有新的見解和實作經驗，而溫尼科特的經驗場域，是和小孩工作的經驗，以及他做為顧問在戰時於牛津郡的一些收容孩童的機構的經驗，累積那些個案的某些狀態。可以從他在論文《反移情裡的恨意》（Hate in the Counter-Transference, 1949）裡，所描繪的那位讓他以嚴格定義來說，是違反界限的某位困難的孩童，在送到其它收容機構前，溫尼科特將孩童接回家裡同住所發生的故事。他所描述的反移情的恨意，也可以說是處理那些處於困局下的孩童所發生的事，在處理的過程，助人者所遭遇的期待的落差，所引發的挫折和絕望，因而挑起的反移情的恨意。

我不是要鼓勵我們一定要學他這麼做，但除了指控他的違反診療室裡，所衍生的治療界限的期待外，也許他的舉動也反映著，臨床上是有著當代的精神分析方法無法處理的實境，精神分析有它的界限和極限，從精神分析出發也是我們在這裡的基礎，只是臨床實境上所遭遇的，在大部分時候不再是如歇斯底里的古典案例，而是自戀型和邊緣型案例，只是當我們說明這樣的臨床現象時，就案例的內心世界來說，就是所謂人的原始性，或是佛洛伊德在

《論自戀》裡想要描繪的自戀的心理場域了。還好後來克萊因、比昂和溫尼科特等人的焦點，是在這些領域而留下豐富的文字資產。

　　然而要讓這些文字資產能夠被自由的使用，而且是由使用者以他們的角度和方式，來詮釋和運用時才不會變成死的文字，如同葛林被比昂的太太和女兒邀請，在一場紀念比昂的研討會上發表想法時，葛林這麼開場：「我感動的另一個原因是，眾所周知，我既不是『比昂學派者』，也不是克萊因學派的人。在回應這個我不是什麼學派者的反對意見時，有人告訴我，事實上就是因我不是比昂的學生，才是我被邀請的原因之一。似乎是我在了解比昂的想法時，我是可以『運用』它們，並同時也忠於我自己的想法。比昂可能是精神分析界裡獨立思考的最好範例，他鼓勵那些去找他的人以同樣的方式行事。在我與比昂的口頭或書信交流期間，他從未試圖將我『轉換』（convert）爲他或克萊因的想法。我們都同意，佛洛伊德是我們欠最多的人。」（蔡榮裕譯，Andre' Green, The primordial mind and the work of the negative, in W. R. BION：BETWEEN PAST AND FUTURE, Edited by Parthenope Bion Talamo, Franco Borgogno, Silvio A.

Merciai , p.108-128.）

　　也就是如果要進一步理解比昂的話，是需要先有這些歷史的了解做基礎，有人說這些新的視野，相對於佛洛伊德的後設心理學來說，可能是精神分析另一種典範了。這種專注在自戀型和邊緣型的精神病成份的專家們，當然不會只有比昂或溫尼科特等人，因為這幾乎是目前的顯學了，只是如果不明說這些區分，我們在臨床上是容易看到這些個案群人格裡「非精神病的部分」，而對這部分較有期待，也容易傾向要以古典的技術裡的詮釋，來和非精神病的部分互動聯結，但卻是常遇見挫折和反擊。因為個案的「精神病的部分」仍是強力的主導著，他們對於世界的認識的方式。讓我們想要針對「非精神病的部分」對話的詮釋，卻反而更常是被「精神病的部分」接收，並且很快的做出回應，讓我們覺得我們的詮釋技術是有困局的。

　　以上這些描繪，是讓我們這場工作坊的主題，有個臨床出發的基礎，在這基礎上我們就出發走，往人格裡的「精神病的部分」。如何談論這個主題是可以有很多可能性，我們選擇比昂和貝克特的存在，以及他們的創作當出發的所在，這是我們假設，從創作來看，例如《等待果陀》和《終局》，有著很深刻卻活生生的「精神病的成

份」。不過這個說法要很小心，容易被誤解爲我們在說作者或作品是「有精神病」。這是誤解，也因此我們爲了說明這些現象，而以這種規模的方式來了解，和說說其中的複雜現象，並讓我們有機會能夠再更貼近，比昂所說的人格裡的「精神病的部分」可能是指什麼？

第二部分

在準備這場工作坊的前置作業時，是曾有一些想法，例如搞不懂貝克特，沒關係；搞不清楚比昂，更沒有關係。反正，他們就是難搞的人。因此，我們有了無限自由，在荒原裡，苟且偷生、苟延殘喘或莊嚴等死。因爲，果陀今晚不會來，但是明天一定會來。但是各位想必也早就體會到，就算這樣子要能夠很自由，也不是一件容易的事。只是我們卻選擇比昂，這位寫了很難懂的的理論者的想法做爲討論的基礎，的確是有些矛盾，或者在感受《終局》裡，那些看來無意義或無生機的語言流動，甚至那是否屬於語言的交流或溝通？都會是值得議論的主題。

哈姆：去拿油罐來。

克羅夫：做什麼？

哈姆：來潤滑我的腳輪子。

克羅夫：昨天我已經幫它們上油了。

哈姆：昨天！那是什麼意思？昨天！

克羅夫：（暴怒地）那是他媽的可怕的一天，很久以前，
在這他媽的可怕的一天以前。我用的字是你教我
的，如果他們再也沒有任何意義，那就教我別
的，不然就讓我保持沉默。

（停頓）

哈姆：我曾經認識一個瘋子，他認為世界末日已經來臨
了。他是個畫家和雕刻家。我非常喜歡他，我以
前常去找他，在一個瘋人院裡。我拉著他的手到
窗戶旁。看！那裡！全是正在生長的小麥！還有
那裡！看！如一大群緋魚的帆船隊！全都是這麼
動人！（停頓）他甩開我的手回到他的角落，一
副被驚嚇的樣子。所有他看到的都是灰燼。（停
頓）只有他存活了下來。（停頓）被遺忘。（停
頓）這件事顯得……不是那麼……那麼不平常。

（頁164）

不過，我是看見了在說話時的另有生機，我刻意使用「另有生機」，因為我覺得劇中人說話時，內容的意義之外，說話時的力氣，不論是攻擊迷惘或無奈，都在顯示著有股生機在後頭，驅動著雖然身體的死亡和命運，已經無法超越了，只能透過語言這工具來呈現生機。我還不想太快把這生機就定位成，生的本能，我是在等待著，它需要有著新的語詞來描繪它。讓我們的想像有個新的可能性，也許這種等待如同「等待果陀」，不過它是值得等待。

還好我們不必是以比昂或貝克特專家的方式來進行，我們的文章只是以比昂和貝克特這兩個人的故事做為引子，讓我們可以大方地交流討論各自的臨床經驗和想法。不必然限定在比昂的論點，我們也無法完整介紹比昂，我們只是借用某些想法做基礎，稍微圍繞在比昂周圍，但不限定在這。我們期待是，大家可以更自由的依著自己的經驗自在或自由來想像和交流，我們也相信這些想法都有這時代的價值，值得變成文字而保存下來。

我先從Tavistock Clinic的網頁裡，提到這段歷史時的說法，也引述其它的論點：

一是，在Tavistock的網頁介紹短文，Wilfred Bion's analysis of Samuel Becket in on September

21, 2020，提到：「反過來，比昂改造了他和貝克特的臨床接觸，貝克特成爲他具有開創性的後現代精神分析臨床理論的『零號病人』（patient zero）。兩人都在各自的領域開啓了後現代的時代。」

二是，在Gerard Bleandonu所著專書《Wilfred Bion：His Life and Works 1897-1979》裡提到，比昂晚年在書寫小說式的自傳，《對未來的回憶錄》（Memoir of the Future），尤其是第三冊《遺忘的黎明》（The Dawn of Oblivion）裡，描繪子宮內的生活時的說法：「他也想超越詹姆斯喬伊斯（James Joyce）的文學風格，爲了創造一種語言來描述子宮內生命的現實。曾有人問他『你爲什麼寫作？』毫無疑問，他會像貝克特一樣回答：『那是我唯一能做的！』」

三是，我們甚至更像是透過貝克特的作品和想法，來了解比昂的理念與實作，Mayers, D.（2000）Bion and Beckett Together.裡提到的：「希望能爲我的說法提供一些證據，即仔細閱讀貝克特，對於實際使用Bion的配方（formulations）是一個很好的練習。」

四是，在Gerard Bleandonu所著專書《Wilfred Bion： His Life and Works 1897-1979》裡提到：「他

們都有自戀和類精神分裂（schizoid）的特徵，並且都轉向文化來涵容（contain）自己的這種精神病部分（psychotic part）。此外，Anzieu認為貝克特將心理治療的結構和經驗，轉移到他的文學作品中，儘管貝克特認為這種建議是『精神分析的幻想』（psychoanalytic fantasies）。」

五是，Andre Green在《The primordial mind and the work of the negative》（W . R. BION：BETWEEN PAST AND FUTURE第八章）裡這麼說：「《未來的回憶錄》（A Memoir of the Future），特別是第三冊，《遺忘的黎明》（The Dawn of Oblivion），可以告訴我們這些成果。在這些書中，比昂以小說作者的身分出現，也許是「精神分析式科幻小說」（psychoanalytic science fiction）的代表，這些是比昂的工作另一面，讓很多人感到困惑，那是他去美國時開始的工作。回憶錄以『我累了』這句話開場。也許疲倦不僅是身體上的，還與他建立科學理論的努力有關。正如有次我們見面後的記錄所回憶的那樣，他寫道：『精神分析本身只是老虎外皮上的一條條紋。最終，它可能會遇到老虎，事物本身（事物本性 thing itself），O。』比昂必須認真考慮事物本身（thing-in-itself）是不可知的（unknowable）這一事實。我們只能接近它的衍生物（derivatives）。這裡引用的不僅是他引用的康德，還有佛洛伊德。」（蔡榮裕譯）

無論如何這些說法做為基礎，也僅是盡量在難解和不懂的地方，先搭配一些看來明確的訊息和想法，替自己可以進一步大方思索的基礎。畢竟如何不被未知和不確定所淹沒，而無法思考，至少這是我從比昂的思考理論裡所得到的皮毛了解，雖然這個了解就會帶來重大的收獲，和能夠忍受困局，雖然困局依然。

不過從另一角度來說，也可以說不必然是如此矛盾，好像就是死馬當活馬醫，既然比昂的論點是如此難解，倒是一個很好的機會，讓我們來磨練面對個案內心世界，深不可測的未知時，我們在治療者的位置上，會是如何面對這些困局？並讓自己可以在這時候，仍能夠藉由思考（thinking）做為一種行動（doing），來讓我們仍是活著的（living）。依據比昂的論點，思考的機器（apparatus）和消化的機器是相同的起源，兩者起初都是在處理和消化道有關的感覺，也就是奶水、情感（affect）和好乳房，是同時抵達的。

後來比昂的思考理論，再加進「container（女性符

號）╱contained（男性符號）」，透過這些過程才能達到抽象思考的層次，才有所謂learn from experience。依我的意見，在這裡thinking與thoughts，比昂是有了自己的特定定義了，我覺得比昂和溫尼科特都在處理生命早年，這些no（no-breast或no-mother）的原始（primordial）經驗，所帶來的生死經驗，以及需要能有思考的能力出現，才讓人可以走過來。

畢竟如果假設，在人生自始以來，就是在累積著失落和挫折，最直接已有的語詞是「人的自戀，讓人在生活上不可能完全如已意」的情況下，勢必是充滿著各式的失落和挫折。也許有人會使用「自戀受挫」來說這種現象，不過我們不會滿足這麼說，我們也不會滿足於很快就複製貼上說，那是有著死亡本能或破壞本能的影響，這些語詞都是嘗試在以前未明之前說些話，但說出來了，也被知道了，但離要改變困局仍是久遠。

因此我們需要再想像其它的語詞。但是這麼想時，就再度把我們推向了某個深淵，再度讓我們面臨的是未知和不可確定。雖然我們也總是心想著，可以趕緊用熟悉的術語來定錨，讓我們可以趕快有著方向感，不然很難承受個案，覺得我們連垃圾桶都不如，而讓我們甚至想，如果能

當垃圾桶也還算不錯的困局，如《終局》裡年老的父母待在桶子裡，是個很深刻的比喻。

（內格是哈姆的父親，內歐是哈姆的母親，兩人已老，各自被安頓在一個桶子，兩個桶子之間有段距離，無法肢體相互接觸。）

內格：不要這麼大聲！

內歐：（沒降低聲量）沒有任何事比不快樂還好笑的。這點我同意你。但……

內格：（受驚嚇）噢！

內歐：對，對，這是世上最好笑的事。我們笑了，剛開始我們真心大笑。但都是同樣的事。對，那好像是我們太常聽的老掉牙笑話，我們還是覺得很好笑，但是我們再也笑不出來了。（停頓）你還有其他的話要告訴我嗎？

內格：沒有。

內歐：你確定？（停頓）那我要離開你了。

內格：妳不要妳的餅乾嗎？（停頓）我會幫妳保管。（停頓）我以為妳要離開我了。

內歐：我要離開你了。

內格：妳離開以前可以幫我抓癢嗎？

內歐：不能。（停頓）哪裡？

內格：我的背。

內歐：不能。（停頓）靠著桶的邊沿自己抓。

內格：在背脊的下面，凹下去的地方。

內歐：什麼凹下去的地方？

內格：凹下去的地方。（停頓）妳不可以嗎？（停頓）昨天妳幫我抓那裡。

內歐：（哀悼地。）噢昨天！

（頁145）

這些困局會如何在我們心中糾結呢？有可能最深沉的糾結方式，是如貝克特在《終局》裡的絕望至極嗎？但什麼是絕望至極？生命裡似乎又有某種生命力的存在，這是把生命推向什麼方向呢？尤其是那些生命力，只是投資在讓人活著，但是在活著之外，是絕望至極，也許該問問各位是否理解或能想像，我這段裡意圖描繪的某種生命的狀態？在臨床工作裡是常見的，但由於那些生命力偶會有其它火花閃現，好像是生機而讓人忽略了，那些生命火花更是照亮了深層的絕望。說了這些，我是在描繪本文要談論

的貝克特的《終局》，以及如果以它和比昂的概念有所聯結，會碰撞出什麼火花呢？

　　我再回到我們原先的一些構想，如何讓兩個人在我們的討論裡，可以有撞擊的火花呢？這需要一些設想，首先是我們常說的，不是要以目前有限的術語，來分析這些難以言說的經驗，如各位看見的，我剛盡力描述絕望和生命的糾結，但這些語言仍是難以說清楚《終局》裡的感受。我們構想議題是以談論Bion，和諾貝爾文學獎的貝克特（Samuel Beckett），《等待果陀》和《終局》為內容。以Bion和貝克特的關係和想法的幾篇論文為主。整個研討會就是以人出發，不必然是從理論出發，從比昂和貝克特兩人的經驗做我們想像的起點。

　　其實是多麼希望可以了解和體會，我在看這部戲時的感受心死後，就是餘生。走過絕處，轉身是餘地。不過這需要更多文字的解碼，因為我覺得這些感受也正好是，我對於比昂的論點，尤其是晚年，不再如起初強調如數學方程式和座標圖般，想要精準地將人和人互動過程，尤其是個案和分析師之間，潛流裡所展現出來的心智座標。好像這是在面對未知的心智活動時，可以確保自己保持知道的狀態，但是他看來是放棄了，變得說的是直覺，是生命某

種最後的究竟，如同O這個代號。

　　這個焦點的轉移，有多少人性的絕望感的存在呢？或者對比昂來說，他的絕望早就是他生命裡的重要成份，或者說他是把心力花在探索和描繪，這些心智深處的絕望感，而起初以為數學般的方程式和構圖，可以是種美感，可以讓人看清楚困局的清晰明確的美感，不過顯然的，生命不是那樣子，或者說他所好奇的個案的生命不是那樣子，尤其是他自己的生命經驗加上克萊因的影響，他的視野早就不再是佛洛伊德所強調的歇斯底里了。

哈姆：應該下雨。

克羅夫：不會下雨。

（停頓）

哈姆：除了這個，你身體怎樣？

克羅夫：無可抱怨。

哈姆：你覺得正常？

克羅夫：（激怒地）我告訴你我無可抱怨。

哈姆：我覺得有點奇怪。（停頓）克羅夫！

克羅夫：嗯。

哈姆：你不覺得受夠了嗎？

克羅夫：對！（停頓）受夠什麼？

哈姆：這……這……情況。

克羅夫：我一直這麼覺得。（停頓）你不是嗎？

哈姆：（沮喪地）那就沒有理由改變了。

克羅夫：該結束了。（停頓）一生中充斥相同的問題，相同的答案。

哈姆：幫我準備好。（克羅夫不動）去拿被單。（克羅夫不動）克羅夫！

克羅夫：嗯。

哈姆：我再也不會給你東西吃了。

（頁134）

　　從精神分析史來看，例如以Peter Fonagy在裡說的，「如果理論與技術緊密相連，那麼理論化的進步，將不可避免地在治療效果方面帶來實際效益。但是，我相信很難建立這樣的情況。我認為事實上，在精神分析實踐中，理論透過類比來證明現有的實踐模式（例如，以發展隱喻來說，患者的治療過程，類似於生命發展的過程的隱喻。）；執行時的僵化實踐準則，是有助於創造出理論的完整性和統一性的錯覺，這種理論經過歸納闡述，幾乎

超出了與臨床實作之間，建立有用的聯繫的可能性。」
（蔡榮裕譯，Peter Fonagy, Some Complexities in the Relationship of Psychoanalytic Theory to Technique (2003). Psychoanal. Q., (72)(1): 13-47）

　　大致可以說，他面對那些精神病狀態下的個案，或者一般人的人格裡的精神病的成分的探索，造就了他仍會持續存在的視野，從歇斯底里的轉移，這種轉移帶來的是他對於未知和不確定感的深刻體會和描述。面對這種情境，我們如何掌握呢？似乎就不再是如數學模式的構圖和座標了，而是直覺。

第三部分

　　雖然在物理空間上，我們不是聚集在同一個空間裡，如同《等待果陀》和《終局》都是固定的場所，尤其是《終局》就是限定在一個房間裡，而唯一還能移動並透過高處窗戶，看見外面世界是僕人。他的觀點是唯一的，雖然聽者仍是以自己的想法來聽。

克羅夫：從沒見過這等事！

哈姆：（緊張狀）什麼？一艘船？一條魚？一縷煙？

克羅夫：（還在觀察）光線消失了。

哈姆：（鬆一口氣）哦！我們早知道了。

克羅夫：（還在觀察）本來還剩一點點。

哈姆：底邊。

克羅夫：（還在觀察）對。

哈姆：現在呢？

克羅夫：（還在觀察）全消失了。

哈姆：沒有海鷗？

克羅夫：（還在觀察）海鷗？

哈姆：地平線呢？地平線上沒有東西嗎？

克羅夫：（放下望遠鏡，轉向哈姆，被激怒地。）天曉得
　　　　地平線上還有什麼？

（停頓）

哈姆：海浪呢，海浪怎麼樣了？

克羅夫：海浪？（他將望遠鏡轉向海浪）沉重。

哈姆：還有太陽呢？

克羅夫：（還在觀察）空的。

哈姆：但太陽應該正下山了，再看一次。

克羅夫：（還在觀察）可惡的太陽。

哈姆：那麼已經是晚囉？

克羅夫：（還在觀察）不是。

哈姆：那麼是什麼？

（頁154）

　　各位也許早就可以輕易的知道，在《終局》裡的唯一場所，是否如同我們的診療室，而值得探問的是，如果我們以《終局》的場所，來對比診療室裡的說話，我們會是傾向那個角色呢？

哈姆：死亡就在外面。（停頓）好，去吧！

（克羅夫退場，停頓。）我們的關係還在持續呢！

內格：我要我奶嘴！

哈姆：惹人厭的老祖宗。

內格：我要我奶嘴！

哈姆：家裡的老不休，一點教養都沒有！狂吃，狂飲，
　　　他們想的都是這此。（他吹哨，克羅夫進場，停
　　　在椅子旁。）哦！我以為你要離開了。

克羅夫：哦，還不是時候，還不是時候。

內格：我要我奶嘴！

哈姆：把他的奶嘴給他！

克羅夫：沒有奶嘴了。

哈姆：（對內格）你聽到了嗎？沒有奶嘴了。你再也吸
　　　不到奶嘴了。

（頁137）

　　如果不是意識型態的選擇，而是從個案可能對我們
的潛在投射，或是我們說的移情來說，我們會是在那個角
色？或者如同大家熟知的，也許我們假設，如夢中的每個
意象，都是指向夢者本人，也許我們類推《終局》裡的每
個角色，都會是個案覺得我們的角色，而我們是無法選擇
的？

　　雖然我們可以在心中拒絕接下，某些案例所投射的破
碎的部分客體或部分特質，來避開某些我們不想要擔任的
角色，但是《終局》裡的每個角色，我是覺得都是個案可
能編派給我們的角色。這假設也是我在本文第三部分想要
主張的，比昂的論點是給治療者的貼心書，如同溫尼科特
的演講集被集成書後，有人譯成給媽媽的貼心書。

　　比昂的論點更是想要貼我們做為治療者的心，但這實
在太複雜了，而如果以《終局》裡的每個角色，做為具體

展現比昂的論點，不論這說法有多少科學的證據，但對我來說，卻會是比昂和貝克特很有心意的貢獻。雖然這種貢獻是否達成，還需要我們的心理工作來做聯結和想像。

《Reading Bion》的作者Rudi Vermote，則是以Before the caesura: transformation in knowledge和After the caesura: transformation in O，做爲分野。前者是early Bion，依Rudi的分類，是1965年的Transformation專書之前爲界。後者被稱爲late Bion，大致是1967年比昂被Grostein邀請去美國加州演講，隔年1968年，比昂在71歲時移居洛杉磯。後來在1970年出版Attention and Interpretation，在1977年出版AMemoir of Future。而Rudi本人不諱言，自己是傾向以「後期比昂」做爲他的工作重心。這是比昂引進中世紀宗教論點，來描繪他的臨床工作經驗，但他強調只是借用論點來說明他主張的，當年的精神分析語言是不足以描繪他的經驗，但強調在做法上，仍是以精神分析爲核心。雖然這是什麼意思，仍是他人無法完全了解的分野，至於Green對於比昂思考理論的強調，是以早期比昂的工作爲重點。

在這部分，我主要的關切是在於，比昂的論點眞的

能夠用在診療室裡和個案議論的素材？不是和個案討論這些理論，而是他開發出來的概念，例如O這可以說是某種「境界」了，因此我是疑問，他的理論真的能夠運用在和個案的詮釋嗎？我倒覺得他的理論是更針對治療師的養成和認同過程，我們需要配備什麼態度和技能？雖然我們有了「中立的態度」和「分析的態度」做為指標，但是這兩種態度仍是需要再深度細論。

　　一如比昂晚年的論點，在於原本的術語無法描繪他的經驗，因而引進了中世紀的神祕學的語言來說明他的經驗。我的解讀是他的論點，接近台灣在地經驗的佛教和禪宗的經驗描繪，例如《金剛經》所說的，「應無所住而生其心」，這和比昂的「無憶、無慾」（no memory, no desire）的關係是個話題，「無所住」類似無所執著，或有所變通，這些不是容易做到的，雖然在社會上是大家隨口就可以說出的話。

　　先回到我原本分配做主要參考的文獻，Oppenheim, L.（2001）A Preoccupation With Object-Representation/ The Beckett–Bion Case Revisited.。Oppenheim卻是幾乎反對前面朋友們所引用的文獻的說法，關於貝克特和比昂，作者表示這些說法都缺乏實質的

科學證據。所以前幾堂朋友們所引述，談論貝克特和比昂相互影響的部分，他大致都是以查無實證做為他的結論。這就涉及要有多明確的內容，才可以做為證據來說明，他們兩人之間是如何地相互影響？其實這種情況對於精神分析，在表張移情時，要有多少現象做證據才能推論說，那裡有著什麼移情？或者技術上進行詮釋時，不同的素材被我們假設是有相關性，並成為我們做詮釋的基礎，這些素材的相關有多接近，或有多堅實呢？可以說這些質疑都是有它的道理，只是如果我們主張主觀感受的重要性，也假設移情的必然存在，並以此做為精神分析的主要特色時，百年來的確也開發出一些不同學派之間的潛規則，在那些情況依據一些訊息，就可以做為假設有著什麼移情。

當然也涉及到如果將比喻和象徵的概念加進來看，就更顯得複雜，既然是比喻就是只代表原始的對象，何況什麼比喻會出現做為代表，也可能依循的不是現實原則可以了解。這就像要判斷個案說的，做出的訊息裡，有著多少如同法律案例般的證據呢？甚至如果是以法律般的要件做為證據，這就反而讓佛洛伊德起初放棄「誘惑理論」，而走進「精神現實」（psychic reality）做為探索場域的美意被打折扣，不過也不能忽略的，Oppenheim的嚴謹態

度對於精神分析的提點，因爲也的確涉及了當我們在一些象徵物裡，串連出某種想像而推論出某種詮釋時，其實在本質上就算是精神現實做場域，仍只是一種假設，不是一種必然性，而會變成某種如同硬塞概念在一些象徵之間，但這會帶來更多的自由和想像，或是變成好像定案般，不再有餘地做其它的思考呢？

　　就臨床來說，很難想像比昂的論點，是可以和那些困難個案說清楚，並能成爲思考的材料，因此我主張不是用在臨床上對個案詮釋的理論，而是更針對的是治療者本人？Green在The primordial mind and the work of the negative裡，談論佛洛伊德處理的是「精神官能症」，和比昂談論的「精神病」個案經驗的不同，而比昂這點和溫尼科特在探索的心理地帶就有所重疊了。依我的意見，如果要能承納比昂（Bion）後來發展的O概念，不會變成只是意識型態，或者如禪宗般的深邃論述概念，畢竟那是需要回到修行本身的傳統脈絡，但在精神分析本身是需要回到，比昂所論述的這些思考理論的推想，才會落實在精神分析對於unconscious和id的持續探究，而不是沉浸在美好的理想化概念裡，以爲是要讓那些美好概念變成了人生的指示明燈。

這些探究是需要不斷回到原始領域，推想人如何感受？如何思考？如何防衛？如何活下來？如何繼續活下去？這些涉及人性本質起源地，也就是比昂、溫尼科特和Green在這裡所說的，原始心理地帶的想像和建構。這些建構也包括我們走過去的路途，如建佑在有次「山風頻道」的說法裡呈現的，這些建構也包括我們要如何裝備自己，然後可以一路在自己新開出來的路，沿著原始叢林般走進深處，這需要很多技能和想像，才不會中途因為各式原始林般的困境而走不下去。

哈姆：等一下！（克羅夫停下來。）你的眼睛怎麼樣？

克羅夫：不好。

哈姆：但是你可以看。

克羅夫：看我想看的。

哈姆：你的腿呢？

克羅夫：不好。

哈姆：但你可以走路。

克羅夫：我來來……去去。

哈姆：在我的房子裡。（停頓，以預言的口吻。）有一
　　　　天你會變瞎，像我一樣。你會坐在那裡，像在虛

空中，黑暗裡的一粒灰塵，永永遠遠，像我一樣。（停頓）有一天你會自言自語，我累了，我要坐下，於是你就坐下。然後你會說，我餓了，我要起來去找點吃的。但是你不會起來，你會說，我當初不應坐下，但是既然我坐了，我就不妨坐久一點，然後我會起來去找點吃的。但是你不會起來，所以你也吃不到任何東西。（停頓）你會看著這片牆一會兒，然後你會說，我要閉上眼睛，也許睡一會兒，這樣我就舒服多了，你就閉上眼。當你睜開眼睛時再也沒有牆了。（停頓）無盡的虛空會圍繞著你，所有年代死去再復活的靈魂也無法填補。你會像在大平原中間的一個小砂粒。（停頓）沒錯，有一天你會知道那是什麼滋味，你會像我一樣，只是你不會有人陪你，因為你不曾憐憫任何人，因為世上也沒有人可以讓你憐憫了。

（頁158）

「比昂的工作可以分為兩類：第一類代表他試圖建立一種新的精神分析理論，這不僅是佛洛伊德甚至克萊因

工作的延伸，而是從完全不同的觀點出發所形成的當代精神分析的新配方。概念化的基礎不是精神官能症患者，而是精神病患者。精神分析理論已被證明不足以理解和分析精神病。佛洛伊德關於精神病的主要著作是施雷伯（Schreber）的《回憶錄》，大家都知道佛洛伊德無意治療精神病患者。克萊因已經開始探索這個新領域，但是，如果我可以這麼說，她沒有正確的概念工具（conceptual tools）來做出重大發現：她缺乏思考理論（theory of thinking）。比昂的想法與Grid合成在一起，這是反映了他在理論形式化（formalization）方面的成就。這些成果持續發展到《注意力與詮釋》（Attention and Interpretation）這本書的合集。第二類在數量上更為有限，是另一種對生的靈感（opposite inspiration）所帶來的成果。《未來的回憶錄》（A Memoir of the Future），特別是第三冊，《遺忘的黎明》（The Dawn of Oblivion），可以告訴我們這些成果。在這些書中，比昂以小說作者的身份出現，也許是「精神分析式科幻小說」（psychoanalytic science fiction）的代表，這些是比昂的工作另一面，讓很多人感到困惑，那是他去美國時開始的工作。」（蔡榮裕譯，Andre' Green, The primordial mind and the work of the negative, in W.

R. BION： BETWEEN PAST AND FUTURE, Edited by Parthenope Bion Talamo, Franco Borgogno, Silvio A. Merciai , p.108-128.）

　　也許早在貝克特的關係裡就潛在了，但我的好奇是何以轉了人生半圈後，才轉進到直覺和宗教語彙般描繪生命和心智呢？先前的數學模式，對他來說是多麼絕望裡的美感？有著清楚的線條，如同淹水時可以抓住的線索嗎？我的大膽假設是，如果要來推演比昂心境的變化，也許《終局》會是一個有趣的想像和感受的起點，雖然我們在理解上也可能如葛林所說的：「不太可能忽視哲學作品來建構精神分析理論。每個精神分析師有他選擇的那些伴隨自己找到自己的哲學家，就算不是完全同意，也至少有所共鳴。然而，身為精神分析師，去引用哲學家的思想會迫使我們去詮釋他們的想法，來與我們的臨床經驗相符。因此，我們勢必要接受這個事實，扭曲他們所說的話是無法避免的。康德是比昂重要的引用來源，然而當代哲學家或許可能抱怨比昂在詮釋康德的概念為他自己所用而來的誤解。」（陳建佑譯，Andre' Green, The primordial mind and the work of the negative, in W. R. BION： BETWEEN PAST AND FUTURE, Edited by

Parthenope Bion Talamo, Franco Borgogno, Silvio A. Merciai , p.108-128.）

　回頭來看，如果對比《等待果陀》，像是比昂在數學座標裡的定向，期待在這些明確的座標線條裡，等待著什麼可以出現？可以了解人性原來是樣子？這個人會出現某症狀，原來是那樣期待？這是「嬰孩式期待」嗎？也就是那是原始的期待，這是佛洛伊德主張，推動夢的成形的重要動力來源，而《等待果陀》的等待，也許更接近這種期待下的等待？不過這麼說，不是就是定論在這個答案了，因為什麼是「嬰孩式期待」，什麼是原始期待，仍是一個待開拓的主題。

　不過在克萊因後，溫尼科特和比昂的論點，幫我們舖出了一場路，也許走在途中是像在「等待果陀」，雖然好像在往前走，但在心智裡是等待著果陀。也就是等待著那個造夢者出現，那個「原始期待」或「嬰孩式期待」出現，雖然它會每晚在夢中出現。但是看來除了在夜夢裡之外，在白天也有著比昂所說的「醒著的夢」（waking dream），而這的動力來源也是這種「嬰孩式期待」，在白天它也是工作著。如同兩位在荒野上「等待果陀」時，所抱持的那種期待，也許這種說法和想像會是說明

「嬰孩式期待」的某種不錯方式。

　　但如前述，這些推想要真的運用在那些自戀型和邊緣型的案例，這是不易的。但是比昂終其一生，都在描繪它們。我假設是對治療者的重要性，讓治療者在面對那些困局時，仍得以思考和在場，畢竟面對的是，在絕望和失落的處境裡，治療者的確是需要有著這種由比昂所勾勒的心理境界。雖然這是高調，而且不是容易的事，但是這無妨於我們抱持著期待，等待自己在長期的工作過程裡，可以等到心中的原始期待，而這會是如同貝克特的《終局》裡那些人的樣子嗎？

克羅夫：那我們會死掉。
哈姆：我給你一點點東西吃，只要剛剛好不讓你餓死。
　　　　你會一直處在飢餓狀態。
克羅夫：那我們就不會死。（停頓）我去拿被單。
（他走向門口）
哈姆：不！（克羅夫停住）我會每天給你一塊餅乾。
　　　（停頓）一塊半。（停頓）為什麼你留下來陪
　　　我？
克羅夫：為什麼你留我？

哈姆：沒有別人了。

克羅夫：沒有其他地方了。

（停頓）

哈姆：反正你還是會離開我的。

克羅夫：我在試。

哈姆：你不愛我。

克羅夫：對。

哈姆：你曾經愛過我。

克羅夫：曾經。

哈姆：我讓你吃太多苦頭了。（停頓）不是嗎？

克羅夫：不是那樣的。

哈姆：（驚訝）我沒讓你吃太多苦？

克羅夫：有。

哈姆：（放鬆）哦，你嚇我一跳。（停頓。冷冷地。）
　　　原諒我。（停頓。大聲點。）我說，原諒我。

克羅夫：我聽到了。（停頓）你有流血嗎？

（頁135）

　　或者我們覺得應該要更樂觀些，而不是貝克特所萃取
出那些角色在主宰著人生，但是對於早年受創傷者，我們

也許需要透過《終局》裡的人，所有人物的處境，來想像這些案例最終的命運。不是在詛咒他們，而是心理上需要預備著，這些角色的某些特質，可能如比昂所說的，人格裡的「精神病部分」的始終存在，那做為人生的一分子。

　　至於thing itself或thing-in-itself，如何中譯是個主題，在台灣哲學界有「物自身」的譯法。但是如何解釋它的內涵？我相信則是多元眾多，因為在「解釋」這個語詞時，也等於在「建構」自己想要開展的理論和實務。例如，佛洛伊德卻說那是不可知的，那我們說在症狀做為衍生物，有著某種情結是起因，那我們是知道了什麼了嗎？或者那個情結的本質或本性是什麼，我們仍是不可知呢？但是大家對於情結是這麼想嗎？很難覺得情結可能不只是一個衍生物，而是另有不可知的本性或本質存在著。

　　我嘗試另以我們使用的其它語言來說這些，例如以「本尊」來形容這裡所說的「物自身」、「本性」、「本質」，而它的衍生物則是「分身」或「化身」（佛教的語言），我們只能接觸到分身或化身，而無法接觸到本尊。不知這個比喻有增加了解和想像，或只是帶來困惑呢？但是不論是那個譯詞，都涉及了它們是否有內容在裡頭？就像佛洛伊德在界定潛意識時，是有著它可能不是空無一

物，而可能是有著被潛抑（repressed）的經驗想法或感受，就像我們說他有人性或沒人性時，意味著有人性的內涵在裡頭，但它是什麼呢？可能就有眾多的想法了，而且不同人之間差異可能很大。

「總而言之：理論形式化（formalization）是思想力量的證明，但也是它有侷限性的證明；它可能僅限於它的覺醒（wakefulness）狀態。小說與之相反──就是我們在夢中所經歷的（本書第一卷的副標題：夢）。但它可能是更接近不可知（the unknowable）、虛空（糸the void）、無相無量（無形無限the formless infinite）的更好方法。並不是說它可以說什麼，而是它擺脫了合理化的風險，並嘗試探索可見或可思考的層次外的心智（layers of the mind beyond the visible, or the thinkable）。」（蔡榮裕譯，Andre' Green, The primordial mind and the work of the negative, in W. R. BION: BETWEEN PAST AND FUTURE, Edited by Parthenope Bion Talamo, Franco Borgogno, Silvio A. Merciai , p.108-128.）

這裡涉及的幾個詞，其實仍有著很大的想像空間，不可知（the unknowable）、虛空（the void）、無相無量（無形無限the formless infinite）。這三個Green順

手拈來的想法，不過這可能也是蘊涵著，他對於「晚期比昂」所專注的議題。雖然有著O做為代表了，依我的初步想法，比昂談論的O這些概念，更是針對分析師和治療師的境界和狀態的理想期待的描繪。至於對個案來說，如果比昂的經驗基礎是精神病個案的分析，和想像在臨床上這些個案群是不易談論這些課題，甚至要以O這些概念做為個案的未來目標，可能都是漫長的路。

因為對於一般人來說，也是漫長困難的路，而對於那些破碎經驗下努力活著和活下去的人來說，這些概念做為理想目標，更會是一種負擔。這只是我的初步想法，還不成熟，至於Green這三者可能是意味著它的內容，雖然它們是什麼仍有著很大的解釋空間。光以劍橋網路詞典，void翻譯就有眾多的可能性，而採用不同的語詞，就有著不同的方向和內容：空洞、空間、空白、空虛感、失落感、不可接受的、不合法的、無效的、沒有、使無效、使作廢、取消。至於精神分析裡是有著什麼方式，可以如Green在這裡說的可以更接近這三項內容呢？

如果依他所說的，也許就先以避開合理化才有機會，而合理化是指什麼呢？是指任何語詞都是合理化，因此任何詮釋都是在合理化，只是更遠離這些最終的經驗？但是

如果這樣，精神分析有可能放棄以詮釋做核心技術嗎？或者只要相信，總有一天可以做詮釋，那麼先前的任何等待都是值得的。那麼我們如何等待呢？所謂等待，在心理學裡是指發生了什麼事呢？是指忍耐嗎？那麼等待和忍耐之間有什麼關係呢？另外，「虛空」或者以「無相無量，而不是以「無形無限」來翻譯the formless infinite，可能有什麼差別嗎？其實這兩個英文字在佛教裡也是常見的，不過得是以「無相無量」來翻譯，才會更接近佛教的經典文字。

我們需要或者必要，以這些佛教的字彙來翻譯這些西方的語言嗎？雖然比昂晚年引進了，來自中世紀神祕宗教的語彙，來描繪他的臨床經驗，但是以佛教的語言再來解讀一次，是更接近他的原意，或者更遠離了呢？雖然如果以比昂所提出的no memory, no desire，如果譯為「無憶無慾」，是可以從佛教的最後如金剛經所說，「應無所住而生其心」嗎？依《聖嚴說禪》的說法，是「心無所住」是身在紅塵能不受紅塵困擾，「生其心」是出入紅塵還能夠救濟紅塵中的眾生。這個心就是慈悲心和智慧心，是佛和菩薩們的境界。

我的解讀就是很難的境界，那麼比昂和Green在使用

不可知（the unknowable）、虛空（the void）、無相無量（無形無限the formless infinite）時，他們想的是如我引用的聖嚴法師所說的這種嗎？不過可見的是引用文學的用語，是較容易被接受，至於使用宗教用語，則可能讓相關者會較警戒，也許就隱含著精神分析和宗教的某種內在張力。只是在目前，我是覺得佛教的這些語彙，是最貼切的解讀方式，也許仍是活的過程，以後再來看會如何？

不過這如比昂的態度，引用宗教語詞但仍維持精神分析做基底，不是要引進佛教，雖然所謂以精神分析做基底是指什麼，可能仍有不少想像和議論空間來想，可見或可思考的層次外的心智（layers of the mind beyond the visible, or the thinkable）？這是「開悟見性」或「找回原來的自己」或「喚回本心」嗎？

哈姆：很感激你的服務，克羅夫。

克羅夫：（轉身，尖銳地。）哦，對不起，應該是我感激你。

哈姆：我們應該彼此感激。……最後的牌局：在很久以前就輸掉了，再玩再輸，最後仍是吃敗仗。……

你禱告（停頓。他更正。）你哭求夜晚，夜晚來臨……（停頓。他更正。）夜晚降臨：於是在黑暗中哭泣。（他重複，唱歌。）你哭求夜晚，他降臨：現在在黑暗中哭泣。（停頓）說得不錯，那一句。（停頓）現在呢？（停頓）片刻無事，現在就像永遠，以前時間看似無限，現在時間結束，考慮結束，而故事結束了。（停頓。敘事語氣。）如果他可以帶著他的孩子……（停頓）那是我等待的時刻。（停頓）你不想丟棄他？當你正在衰老時你還要他成長？然後待在那裡以慰藉你最後……最後片刻？（停頓。）他不明瞭，他只知道飢餓、寒冷，和更糟糕的，死亡。

（頁192-193）

（The End）

蔡榮裕

精神科專科醫師

前松德院區精神科專科主治醫師

臺灣精神分析學會名譽理事長

臺灣醫療人類學學會會員

高雄醫學大學阿米巴詩社社員

松德院區《思想起心理治療中心》心理治療資深督導

走出終局的房間，牆內牆外，你又看見些什麼？

與談人：蔡昇諭

　　本篇回應來自一個可大可小的錯過，自己在住院醫師從事心理治療學習時，感受蔡醫師寬闊的視野，在精神分析中持續投注歷史縱深的理論爬梳，以及督導討論現場的交叉撞擊，而作為一個學生，第一課就是在學習等待，等待案主的出現或不出現，遲到或遲到幾分鐘所揭露的隱微意圖。然而，個案早到就可以免去等待嗎？我想不然，案主離開後就已製造一個等待下次的場景了。

　　謝謝蔡醫師在這場意外下的等待。蔡醫師談到終局的絕望，將此形容為有股生命之火在燒的絕望。我自己在閱讀該文本時，或許是已經受到等待果陀一次又一次等不到什麼的殘酷洗禮，當終局印入眼簾開始拜讀時，反而感到輕盈，一種終究能解脫的自由。但若把劇中角色內格及內歐加入（他們是主角哈姆的年老的父親及母親，被安頓在桶子），終局不同於等待果陀，確實探討了真實死亡的存在，以一個孩子看待雙親的視野凝視著。

蔡醫師以終局的諸多定義之一，談到嘗試理解，以及只能理解它的無法理解，如果是這樣又爲何需要重新閱讀呢，或該劇如同許多戲劇可以一再被衆人觀賞呢？悲劇所洗滌人心的關鍵要素在終局裡又會是什麼呢？克羅夫對哈姆問了幾百萬遍「你記得你的父親嗎？」感到不耐，克羅夫是否對哈姆曾是其父親（文中並不清楚父親如何變成了過去式）難以面對，沒有父親就沒有我，哈姆所揭示的一種無可奈何，父親所建造的家園，裡面住著兒子，而兒子找不到意義，暴怒，沉默。不管是no或nothing或no-thing，我想會不會也是在形容兒子所處的無助、無力、無能、無可救贖的狀態。

　　終局該劇，包含等待果陀，另一個特色就是對話的重複性，A重複B的話，B再重複A的話，或是重複自己的話。我們之所以重複某些話，是因爲聽的人一直裝睡聽不懂，或是卽便認眞聽還是聽不懂，或是⋯⋯，這是身爲一個心理治療工作者，在閱讀時所特有的心有戚戚焉，因爲我們得要一講再講，沒有人可以允許我們如此，但，治療師可以、個案可以、貝克特可以、看貝克特的人可以，如果不願意，就無法認識，沒有重複，就無法好好認識。哈姆告訴克羅夫禱告不只沒有用，根本不存在，這是偌大的

去錯覺，而錯覺豈是一句話就去除，重複「不存在」該話語好比該no還尚未真的被接收，所以先用nothing的thing前面加上no來告訴對方，nothing於是出現，駐足片刻，而聽者仍需一再重複，來靠近no此不存在。

除了話語的重複，劇中對於人物行為上反覆的動作也多所著墨，克羅夫在左右兩扇窗來回走動、扛梯子、上上下下，《等待果陀》中則是角色間遞帽子、戴帽子、拿下帽子如按下重複快轉鍵般使人摸不著頭緒，如果我們將人生中各項動作，行為分類，然後以代工廠極其效率的運作，將戴帽子該動作在人生劃分的比例時間中一股腦兒做完殆盡，其他動作依此類推，好不嘲諷……

哀悼與憂鬱中，即便是我們認識到該疾病中某種固著，難以動搖的僵化心智，但該狀態卻好像打開一條看到no的路徑。許多經歷過憂鬱，或正經歷過來回憂鬱狀態的人，一再復返，卻也宛如重生。

內格看到哈姆的弱小，對於哈姆小時候無法免除其受驚嚇的自責，也期待未來有一天自己能真的像是個好爸爸，當哈姆放心的像他的兒子哭泣被好好聽見。這個過程道盡多少人生的無可奈何和醒悟，甚至內格也可以像個退化老人向自己的小孩要糖。

思考死亡，克羅夫思考時光遞嬗，死亡就如此驟然出現，溫尼考特於1963年Fear of breakdown中並不熱衷明確定義崩潰，而是間接地談到害怕崩潰的緣由及和情緒發展的關係，因為自我發展未臻至能抵禦環境挫敗，母親在小孩完全依賴過程中不可或缺地作為支援auxiliary ego-function，溫尼考特在此很明確地將原初苦痛（agonies）例舉五種，1.回到未整合狀態（unintegrated state），2.曾經掉落（fall），3.身與心無法共存，無法安住（indwelling），4.失去真實感，5.失去與客體相連能力。也因為上述痛苦太過，溫尼考特認為用焦慮不足以表達此狀態。用上述的角度去思考人的死亡恐懼，溫尼考特繼續說是存在的連續性被侵擾的反應。

溫尼考特將身處破碎家庭的孩童接回家的真實經驗，若作為人道主義者無可迴避的命運，實在很難不去發生，按照其理論環境確實缺損重重，分析師又如何能跳過呢？在這裡蔡醫師談到當代精神分析無法處理的情境，基於界線，底線和極限，但若作為這是少數或唯一無法守住界限的「治療」，也是面對孩童或青少年界限難辨仍在變動，仍可從水乳交融中重新確認的可能性。

精神病在此被視為對抗此痛苦的防衛，保護自我以免重新經驗於此，這邊跟比昂所說的人格裡的精神病部分，我總覺有若干重疊，同樣都是要去描述那個原始的狀態，精神症狀只能提供該疾病在醫學上可能預後及治療的判準，一旦進入心理治療，症狀像是霧裡開花愈來愈模糊。

同樣我感到好奇的是貝克特這兩齣劇，會設定在什麼樣的場景或地點，蔡醫師所形容的在荒原裡苟且偷生，苟延殘喘或莊嚴等死。我的想像之一是一個極其簡單的一個房間，完完全全沒有累贅的一個地方，那個地方什麼也都不是。而發生的年代呢？這又更為不清，就稱為一段時間，不知從哪裡來，要去到哪裡的時間。面對貝克特將觀眾所刻意剝奪的定向感，製造出無邊無界的時空，昨天或是很久以前的一天這之間又有何差別呢，總而言之，都與今日分道揚鑣，而想起昨日是讓混亂的現在感到可怕的，所以兩個被關在一起休戚與共的主角，近在咫尺，但說起話卻常感遠在天涯，面對剛過的昨日，卻恍如隔世，人只能如一粒沙渺小地活著。

而被安頓在桶子的內格內歐兩老，桶子可以是蔡醫師所形容的涵容對方的垃圾桶，也或許是哪裡也去不了的病床、輪椅、現代高樓大廈的某一鳥籠，亦或是後人憑弔之

靈骨塔、墓地……

　　想像之二是發生在集中營不見天日的生活，如此封閉，但看了許多描繪集中營的小說名著真實傳記，卻看到人類在其中精神上所開展的無限自由。貝克特也用了許多像是對話卻實為獨白的語句，呈現人的封閉、瘋狂和洞悟。對照出公式化、行禮如儀的語言，此去意義化的話語反而更能凸顯意義何在，如硬石縫隙中的花朵，窗櫺邊灑進的光輝。

　　哈姆所認識得瘋子畫家是誰呢，他在瘋人院內看著窗外作畫，實不難讓人聯想到梵谷，我們會說這位畫家是瘋子，如此浪漫增添更多的光彩和刻度，而反過來說這個瘋子是個畫家，有多少人願意相信或認識呢？這些無人知曉的史前壁畫，在德國海德堡有Prinzhorn collection展覽館，裡頭就蒐集了許多精神病患深刻真實的畫作，現代精神醫學之父Kraepelin的學生Hans Prinzhorn，除了繼承老師以畫作的特徵來診斷精神疾病，作畫本身還有治療性，他提出精神病患的創造力，源於表達自我，遊戲及追求裝飾，秩序和象徵等六項本能，世界末日或末日預言是常見的作畫主題之一，對應患者腦中過激的多巴胺所製造出的幻想。

精神病除了疾病本身的損害，若以此思考人類的命運困局，或該劇的極簡場景，終局的房間窗戶看出去，是梵谷熟悉的麥田，如擺動的帆船，還是末日景象只剩核爆後的灰燼，哈姆與克羅夫更像是在地球上孤獨的倖存者，找不到人說話，也搞不清楚說的究竟是夢話還是已經不存在的人話……

蔡醫師談到劇中人物角色說話內容的意義之外的「另有生機」，是非常值得玩味的感受。這樣老是偏離熟悉語意的話，不是作為溝通你來我往的橋樑，反而讓觀眾被逼迫受困於橋上，往橋下看去原來有如此不可測的深淵，激起一股瀕死的興奮刺激，於是乎瞬間心跳指數飆高，感受自己還是活著的，有那麼一刻無所罣礙的活著，這也是每次大家討論生死本能時，這之間總有相生相剋的味道存在。

作為比昂的分析個案，貝克特將每個人都有的自戀和類精神分裂特徵，轉向文化來涵容（contain）精神病部分，這能否說明治療對人類美妙的貢獻之一，將未整合狀態重組，逝去的個人難以動搖的防衛，在「文化」的涵容下重新被轉化成有機部分。治療者所擁有的被動特權，看到墜落的弧線，無法驚呼，可以選擇與之一起勾勒，溫尼

考特與孩童塗鴉的過程，更顯得原始難以駕馭，而該原創性是美妙所在，每個人都能將原創性貢獻其中，無論何種病徵。

或許貝克特想呈現的問題，就是在這個不管怎麼說也說不清的麻煩，這牽涉到聽與說雙方都參與的困頓中，哈姆期待克羅夫說，克羅夫卻說無可抱怨。本來無一物，有何好說，或者答案都一樣，也就不用多說，說是如此困難，問的人卻以為如此簡單。另一個困頓是回答的人總讓問的人挫折和難過，甚至感到繼續問下去是不應該的，然而感人的是，劇中的角色棄而不捨地說下去，儘管克羅夫仍說「一生中充斥著相同的問題，相同的答案。」

另一個克羅夫和哈姆所面對的，或內格與內歐兩者，似乎是沒有別人，只有彼此的處境，客體對象沒有選擇的問題，只有在心中被放在誰身上的問題。當哈姆告訴克羅夫「有一天你會變瞎，像我一樣」，這像是數落克羅夫不曾好好關心他的詛咒，也是善意的提醒，早做準備，畢竟人變老的殘酷命運無一倖免，坐下來後再站不起來，眼睛睜開牆卻不見，被空虛包圍，而不管是誰，都有期待、失望、愛、不愛、曾經愛，這層認識在劇中終局也多有發揮，在一段哲學式磨人的相互探究後，克羅夫回到基本的

關心「你有流血嗎？」

　而走出終局的房間，牆內牆外，你又看見些什麼？

蔡昇諭

精神科專科醫師

臺灣精神分析學會會員

新竹臺大分院生醫醫院精神科主治醫師

附錄一

【薩所羅蘭】精神分析的人間條件9

（以線上視訊方式）（以文會友）

戲劇與精神分析

標題：餘生—餘地：兩個難搞的人搞出了兩把後現代刷子

時間：2022.09.18周日08：45-17：20

（貝克特《等待果陀》、《終局》）

不對外開放，除了年輕的「薩所羅蘭的風」，和更年輕的「嵐讀書」的成員。

計劃如下：

1. 整個研討會就是以人出發，不必然是從理論出發，從比昂和貝克特兩人的經驗做我們想像的起點。

2. 早上的《等待果陀》和下午的《終局》，都會先請前台大文學院院長邱錦榮教授，先做十五分鐘的開場介紹，她也會全程參與和大家的討論。

3. 各位每人各評論評我們的某一篇文章（每篇約六千字），會至少在活動前兩周寄給你，你先書寫約二千，現場可報告十分鐘，你當然可以寫更多文字

做為後續討論用，不過口頭報告就以十分鐘為限。

4.工作坊討論型式是，每場的論文作者會先簡報十分鐘，接下來請各位評論報告。每場次接下來有30分鐘的自由討論，討論過程會錄音，事後來處理成文字，再請發言者修改。

5.會混合報告者的文章、你的評論文字和錄音的文字，整理成為一本書的內容來出版。

6.預計是一天有八場，每場約五十分鐘，你評論其中一場，但期待你全程參加，並參與所有場次的討論。場次安排請看後續內容。請各位以自由的心情和態度，來自由的發言。

7.我們會建構一個共同的臨時群組做會前的討論用另也會建構一個google word的共享內容會放一些文獻，參考的文獻就只是參考，你能看多少都是可以的，發言不必然限在比昂的論點。我們請你們來，是你們已經是有經驗的人了，來自由地交換想法才是主要目的。

8.我們構想議題是以談論Bion，和諾貝爾文學獎的貝克特（Samuel Beckett），《等待果陀》和《終局》為內容。隨文也附上相關文獻供各位參

考，以Bion和貝克特的關係和想法的幾篇論文為主。整個研討會就是以人出發，不必然是從理論出發，從比昂和貝克特兩人的經驗做我們想像的起點。

9.我們不必是以比昂或貝克特專家的方式來進行，我們的文章只是以比昂和貝克特這兩個人的故事做為引子，讓我們可以交流討論各自的臨床經驗和想法。不必然限定在比昂的論點，我們也無法完整介紹比昂，我們只是借用某些想法做基礎，稍微圍繞在比昂周圍，但不限定在這。我們期待是，大家可以更自由的依著自己的經驗來想像和交流，我們也相信這些想法都有這時代的價值，值得變成文字而保存下來。

註：《等待果陀、終局》（Waiting for Godot & Endgame），作者：山繆・貝克特（Samuel Beckett），譯者：廖玉如，聯經出版公司。

上午《等待果陀》：王明智、陳瑞君、陳建佑、王盈彬（主持人：蔡榮裕）
與談人：葉曉菁、李芝綺、許瑞琳、翁逸馨。

下午《終局》：黃守宏、劉玉文、劉又銘、蔡榮裕（主持人：王盈彬）

與談人：徐溢謙、郭淑惠、莊麗香、蔡昇諭。

《等待果陀》

1.08：45-09：00（邱錦榮/台大外文系名譽教授）

2.09：00-09：50 心死後：搞不清楚比昂，沒有關係（王明智心理師）（與談人：葉曉菁心理師）

3.09：50-10：40 就是餘生：搞不懂貝克特，沒關係（陳瑞君心理師）（與談人：李芝綺心理師）

4.10：40-11：30 走過絕處：兩個難搞的人莊嚴地活著（陳建佑醫師）（與談人：許瑞琳醫師）

5.11：30-12：20 轉身是餘地：今晚不會來，但明天一定會來（王盈彬醫師）（與談人：翁逸馨心理師）

（上午場主持：蔡榮裕 / 下午場主持人：王盈彬）

《終局》

5.13：45-14：00（邱錦榮／台大外文系名譽教授）

6.14：00-14：50 荒原：結束了，已經結束了（黃守宏醫師）（與談人：徐溢謙心理師）

7.14：50-15：40 絕地：快要結束了，應該快要結束了（劉玉文心理師）（與談人：郭淑惠心理師）

7.15：40-16：30 異境：結束在開始時就出現了，然而還在繼續（劉又銘醫師）（與談人：莊麗香心理師）

8.16：30-17：20 殘酷：走出這裡，就是死亡！（蔡榮裕醫師）（與談人：蔡昇諭醫師）

主要參考資料：（依場次順序如下）

1. Culbert-Koehn, J.（2011）An Analysis with Bion/ An Interview with James Gooch.

2. Mahon, E.（1999）Yesterday's Silence/ An Irreverent Invocation of Beckett's Analysis with Bion.

3. Simon, B.（1988）The Imaginary Twins/ The Case of Beckett and Bion.

4. Anzieu, D.（1989）Beckett and Bion.

5.Mayers, D. (2000) Bion and Beckett Together.

6.Mahon, E. (1999) Yesterday's Silence/ An Irreverent Invocation of Beckett's Analysis with Bion.

7.Edna O'Shaughnessy (2005) Whose Bion?

Antonino Ferro (2005) Bion

James Grotstein (2006) Whose Bion? Letters to the Editors

Tustin, F. (1981) A Modern Pilgrim's Progress/ Reminiscences of Personal Analysis with Dr. Bion.

8.Oppenheim, L. (2001) A Preoccupation With Object-Representation/ The Beckett–Bion Case Revisited.

附錄二

薩所羅蘭團隊：

【薩所羅蘭的山】

陳瑞君、王明智、許薰月、劉玉文、魏與晟、陳建佑
劉又銘、謝朝唐、王盈彬、黃守宏、郭淑惠、蔡榮裕

【薩所羅蘭的風】（年輕協力者）

李宛蓁、魏家璿、白芮瑜、蔡宛濃、曾薏宸、彭明雅
張博健、劉士銘、王慈襄

【薩所羅蘭的山】

陳瑞君
諮商心理師
《過渡空間》心理諮商所所長
臺灣精神分析學會會員
臺灣醫療人類學學會會員
臺灣精神分析學會推薦精神分析取向心理治療師

臺灣精神分析學會《台北》心理治療入門課程召集人

松德院區《思想起心理治療中心》心理治療督導

國立臺灣師範大學教育心理與諮商所博士班研究生

聯絡方式：intranspace@gmail.com

王明智

諮商心理師

臺灣精神分析學會會員

《小隱》心理諮商所所長

臺灣精神分析學會推薦精神分析取向心理治療師

臺灣精神分析學會影音小組召集人

松德院區《思想起心理治療中心》心理治療督導

許薰月

諮商心理師

巴黎七大精神分析與心理病理學博士候選人

劉玉文

諮商心理師

看見心理諮商所 治療師

亞洲共創學院 總經理/資深職涯顧問

臺灣精神分析學會會員

魏與晟

臺北市聯合醫院松德院區諮商心理師

臺灣精神分析學會會員

精神分析臺中慢讀學校講師

松德院區諮商心理實習計畫主持

國立臺北教育大學心理與諮商研究所碩士

謝朝唐

精神科專科醫師

中山大學哲學碩士

巴黎七大精神分析與心理病理學博士候選人

劉又銘

精神科專科醫師

台中佑芯身心診所負責人

臺灣精神分析學會推薦精神分析取向心理治療師

精神分析臺中慢讀學校講師

聯絡方式：alancecil.tw@yahoo.com.tw

陳建佑

精神科專科醫師

臺灣精神分析學會會員

精神分析取向心理治療師

高雄市佳欣診所醫師

聯絡方式：psytjyc135@gmail.com

王盈彬

精神科專科醫師

精神分析取向心理治療師

臺灣精神醫學會會員

臺灣精神分析學會會員

臺灣精神分析學會《台南》心理治療入門課程召集人

英國倫敦大學學院理論精神分析碩士

王盈彬精神科診所暨精神分析工作室主持人

聯絡方式：https：//www.drwang.com.tw/

黃守宏

臺北醫學大學附設醫院精神科暨睡眠中心主治醫師

臺北醫學大學醫學系專任講師

臺北醫學大學學生事務處學生輔導中心主任

臺灣精神分析學會會員

臺灣精神分析學會台北春秋季班講師

松德院區《思想起心理治療中心》心理治療督導

美國匹茲堡大學精神研究中心訪問學者

郭淑惠

諮商心理師

心璞藝術心理諮商所所長

精神分析取向心理治療師

臺灣精神分析學會會員

臺灣藝術治療學會專業會員

松德院區《思想起心理治療中心》心理治療師

台北市立大學教育學系教育心理與輔導組博士

聯絡方式：xinpu48@gmail.com

蔡榮裕

精神科專科醫師

前松德院區精神科專科主治醫師

臺灣精神分析學會名譽理事長

臺灣醫療人類學學會會員

高雄醫學大學阿米巴詩社社員

松德院區《思想起心理治療中心》心理治療資深督導

聯絡方式：roytsai49@gmail.com

附錄三

《貝克特工作坊》「以文會友」與談人名單

邱錦榮、葉曉菁、李芝綺、許瑞琳、翁逸馨、徐溢謙
郭淑惠、莊麗香、蔡昇諭

邱錦榮
臺灣大學外文系名譽教授
前臺大文學院副院長
前臺大外文系系主任
前臺大國際學術交流中心主任
曾擔任臺灣莎士比亞學會會長
「世界莎士比亞書目」國際委員會通訊員

葉曉菁
諮商心理師
臺灣精神分析學會會員
臺灣諮商心理學會認證督導（完訓）
大專專任心理師
私人執業

李芝綺

臨床心理師

臺灣精神分析學會會員

深藏心理治療所所長

臺灣精神分析學會推薦精神分析取向心理治療師

許瑞琳

精神科專科醫師

臺灣精神分析學會會員

台中心身美診所醫師

精神分析取向心理治療師

翁逸馨

諮商心理師

臺灣精神分析學會會員／推薦精神分析取向心理治療師

臺灣榮格心理學會臨床會員

正念認知治療訓練講師（英國牛津大學正念中心認證）

臺北市立聯合醫院松德院區 思想起心理治療中心 心理
治療專業督導

臺北市政府市民心理諮詢站特約心理師

曾任新北市立聯合醫院精神科心理師

徐溢謙

享受美光心理治療所臨床心理師

財團法人彩色盤教育基金會特約臨床心理師

特殊教育專業團隊臨床心理師

臺灣精神分析學會準會員

ACP中華國際人才培訓與發展學會認證資深園藝治療師

郭淑惠

諮商心理師

心璞藝術心理諮商所所長

精神分析取向心理治療師

臺灣精神分析學會會員

臺灣藝術治療學會專業會員

莊麗香

諮商心理師

臺灣精神分析學會會員

《看見心理諮商所》諮商心理師

《鉅微顧問管理公司》特約心理顧問

臺灣精神分析學會推薦精神分析取向心理治療師

蔡昇諭

精神科專科醫師

臺灣精神分析學會會員

新竹臺大分院生醫醫院精神科主治醫師

國家圖書館出版品預行編目資料

餘生—餘地：兩個難搞的人搞出了兩把後現代刷子Bion＝？Beckett／邱錦
榮、王明智、葉曉菁、陳瑞君、李芝綺、陳建佑、許瑞琳、王盈彬、翁逸
馨、黃守宏、徐溢謙、劉玉文、郭淑惠、劉又銘、莊麗香、蔡昇諭、蔡榮
裕 合著. --初版.--臺北市：薩所羅蘭分析顧問有限公司，2023.03
　　面；　　公分---【薩所羅蘭】精神分析的人間條件 08
ISBN 978-626-97100-0-3（平裝）
1.CST: 精神分析學
175.7　　　　　　　　　　　　　　　　　　　　　　　　112000704

【薩所羅蘭】精神分析的人間條件 08

餘生—餘地：
兩個難搞的人搞出了兩把後現代刷子Bion＝？Beckett

作　　者　邱錦榮、王明智、葉曉菁、陳瑞君、李芝綺、陳建佑
　　　　　許瑞琳、王盈彬、翁逸馨、黃守宏、徐溢謙、劉玉文
　　　　　郭淑惠、劉又銘、莊麗香、蔡昇諭、蔡榮裕
校　　對　彭明雅、張博健
發 行 人　陳瑞君
出版發行　薩所羅蘭分析顧問有限公司
　　　　　10664臺北市大安區和平東路二段201號4樓之3
　　　　　電話：0928-170048
設計編印　白象文化事業有限公司
　　　　　專案主編：陳逸儒　經紀人：徐錦淳
經銷代理　白象文化事業有限公司
　　　　　412台中市大里區科技路1號8樓之2（台中軟體園區）
　　　　　出版專線：（04）2496-5995　　傳眞：（04）2496-9901
　　　　　401台中市東區和平街228巷44號（經銷部）
　　　　　購書專線：（04）2220-8589　　傳眞：（04）2220-8505
印　　刷　基盛印刷工場
初版一刷　2023年3月
定　　價　400元

缺頁或破損請寄回更換
本書內容不代表出版單位立場，版權歸作者所有，內容權責由作者自負